Préambule

Un jour, tout mon monde a basculé.

D1664563

Et puis, j'ai eu besoin de comprendre pourquoi

Les réponses me sont parvenues au compte-gouttes, par ici des réminiscences, par-là des analyses en gestalt thérapie, parfois après des séances de kinésiologie, ou encore lors de longues conversations avec des amies inestimables, et, parfois aussi en regardant dans le regard fuyant de mon père ou en écoutant la mélodie silencieuse du cœur de ma mère.

Beaucoup de réponses gisent ici depuis longtemps, d'autres sont encore un mystère que je n'ai pas percé.

La question qui m'a le plus longtemps hantée fut : « Pourquoi se propose-t-on de traverser des tempêtes d'une telle violence qu'elles semblent la fin de tout, ou du moins, de notre monde intérieur ? »

Je me souviens d'une discussion avec Céline, une amie chère à mon cœur, magnifique danseuse et art thérapeute, après avoir passé près d'un mois à la Réunion avec elle et son chéri Clément. Ils m'ont accueillie chez eux quand je pesais à peine quarante kilos. Clément avait récemment perdu son père et pourtant, il m'a ouvert sa maison et ne m'a jamais rien demandé en retour.

J'admire la dignité et le cœur généreux des gens pudiques.

J'avais confié à Céline que je n'arrivais plus à écrire. A l'époque, j'écrivais une saga de science-fiction que je portais dans mon cœur comme un projet de vie. Mais le chagrin et la souffrance m'avaient coupé de mon art et de l'envie d'écrire. Mais surtout, j'étais coupée de mon enfant intérieur qui s'émerveillait du monde imaginaire qui pullulait dans mon esprit.

Alors Céline m'a tout simplement dit : « Peut-être qu'il faut que tu écrives une autre histoire » !

En mon for intérieur, j'ai ressenti une immense colère que j'ai évidemment occultée mais j'avais envie de rétorquer en hurlant : « IL N'Y AURA PLUS JAMAIS D'HISTOIRE » !

J'étais tellement en colère contre la vie...

Et puis, cette phrase prononcée par Céline s'est mise à résonner de plus en plus fort au fil du temps. Elle avait semé une graine !

J'ai commencé à écrire cette histoire, mon histoire, un an plus tard.

Ce récit pourrait malheureusement être décriée comme étant d'une banalité consternante dans notre société car elle ressemble à celle de tant d'autres femmes dans le monde qui souffrent en silence sous le joug de la violence conjugale. A mon grand dam, force est de constater que notre société est encore aujourd'hui pétrie de cette indifférence, coincée dans cette omerta, avec une justice permissive envers les hommes violents récidivistes (moment coup de gueule, on referme la parenthèse).

Cette histoire est née du désir de ne plus m'emmurer dans le silence... Petit à petit, un peu comme l'esquisse d'un tableau, ce livre a débuté avec des idées, certaines assez noires, d'autres cocasses, et d'autres tristes. J'ai fait des croquis, un plan avec des parties et des sous-parties, des gribouillis, des ratures... Puis, les idées sont devenues des mots, les mots des paragraphes, puis des pages entières se sont enchaînées, pour progressivement me laisser entrapercevoir... l'histoire de l'âme amicale !

Ainsi donc, il y a bien une histoire et j'ai fait le choix de lui accorder un parcours quelque peu atypique.

Dans l'âme amicale, trois personnages principaux incarnent une seule et même voix ; la mienne ! L'une est philosophique et spirituelle et a recours à des principes de développement personnel pour prendre de la hauteur. Une autre, une voix off met de l'auto-dérision et un peu de légèreté dans les moments de vie les plus sombres. Puis, la dernière est une voix singulière ; mon alter égo imaginaire qui aurait pu naître si j'avais cédé à mon désir de vengeance, de haine, cette pulsion féroce de vie qui veut tout détruire pour se reconstruire... un peu comme un feu qui ravagerait une forêt malade pour permettre à la terre de s'assainir. Ces 3 voix s'entremêlent et ne font qu'une pour parler de cette histoire ; celle que Céline savait que je devais écrire pour clôturer un chapitre douloureux de vie.

Et puisqu'il faut rendre à César ce qui est à César, je tiens à préciser que l'âme amicale est inspirée d'un compte ; *Histoire de la Petite âme*, écrit par Neal Donald Walsh. Je me suis permise de revisiter ce compte dans le 1er chapitre et dans le tout dernier, en guise d'introduction et de conclusion à l'histoire de l'âme amicale. La toute première fois que j'ai écouté ce conte, mon corps a été parcouru d'un énorme frisson. Je venais de comprendre que j'avais un point de départ pour écrire cette histoire... mon histoire.

Alors la voici, déposée avec pudeur et humilité à vos yeux de lecteurs.

Ce livre est un adieu nécessaire à une partie de ma vie pour enfin écrire un tout nouveau chapitre exorcisé des souffrances passées, libre de croire à nouveau que la lumière surpasse de loin les ténèbres.

Merci de lire l'histoire de l'âme amicale !

L'étincelle

Qu'est-ce donc monsieur « l'étincelle » ?

Intangible, nébuleuse, inodore,
Que dis-je, elle est muette,
Pis, un concept abrupt qui ne recèle
Pas l'once d'un sens, et encore,
Je mesure mes paroles fluettes.

Nait-on avec ou est-ce une chose que l'on acquiert ?
Je ne vous suis pas, voyez-vous, je ne comprends pas,
Et cela m'irrite les méninges, vous n'imaginez pas !

Est-elle présente à chaque instant
Comme une aura que l'on ressent,
Est-ce un écho qui vibre dans l'air,
Ou, une onde silencieuse qui erre ?

Ce mot, l'ami est un mystère,
Pour moi, pour vous, pour eux,
Les honnêtes gens malheureux,
Et donc, je vous le dis, que faire ?

Ce soir, la lassitude m'indiffère,
Mais l'étincelle, monsieur, l'étincelle,
Elle m'obsède, me possède, et m'ingère,
Puis me recrache en morceaux tout frêles.

Vous en parlez, vous, ah oui, vous osez,
Comme si vous saviez de quoi vous parliez !

Pleutre d'imposteur, fripouille écœurante,
Fanfaron, enjoliveur vide d'honneur
Ni plus ni moins qu'un piètre amateur
Un beau parleur, que dis-je une fiente !

L'étincelle,
Ce n'est rien de plus qu'un ectoplasme,

Une invention de l'esprit, un fantasme,
Une fumée noire fugace planant avec zèle
Qui retombe crasseuse sur nos caboches
Et nous laissent ignares, pire que les mioches.

Monsieur, cessez, je vous supplie,
Il n'est guère de sujet plus avili,
Je souffre, j'endure le martyre,
Les maux me hachent et m'attirent
Vers une fin sans fin qui s'étire ;
Une perpétuité éternelle.

Ne partez pas, restez, parlez encore un peu...
L'étincelle, cette folle, je la veux.
Il me la faut pour vivre décemment,
Pour croquer, mordre la vie à pleines dents.

Dîtes-moi, tel un secret, qu'est-elle ?
Susurrez-moi enfin son envoutement,
Si je ferme les yeux, pourrais-je sentir
Son parfum subtil, et pourrais-je me repentir ?

Si je devais l'imaginer, monsieur,
Ne serait-ce qu'un bref instant,
Alors, elle serait comme milles feux
Ardents qui brûlent tout, même les cieux,
Une force dévorante pour celles et ceux
Qui croiraient en Dieu ou serait-ce en eux ?

L'étincelle,
Je crois l'avoir rencontrée un jour,
Il y a fort longtemps
Un peu comme un premier amour,
Qui vous ronge les sangs,
Mais certes pur, transcendant
L'espace et surtout l'affre des ans.

L'étincelle,
C'était une donzelle,

A la peau douce caramel,
On aurait dit de la flanelle,
Et sous ses jupettes en dentelle,
Des chants timides
Et des baisers humides.

Monsieur, je crois enfin me souvenir,
J'en pleurs et je pourrais en jouir.
Dans mes entrailles, l'étincelle,
C'est une danse qui ruisselle
Qui jaillit, qui pulse, qui s'émeut
De l'art, du verbe même lorsqu'il pleut,
Car l'étincelle mon cher monsieur,
Se fout de tout, de tout mon vieux,
Elle se disperse dans nos os,
Bouillonne, résonne et elle s'en cogne,
Qu'on en ait peur ou qu'on se renfrogne,
Et mon Dieu, comme c'est beau !

Je dédie ce poème à celles et ceux qui, en cours de route, ont cru cette étincelle perdue. Vous pourriez croire qu'elle a disparu à tout jamais, surtout après avoir traversé un grand tumulte, un chao indicible ... nommons-le : « adversité ».

Un beau jour, j'ai choisi de l'observer comme on observe un courant d'eau qui ruisselle sans fin. L'adversité peut nettoyer, assainir, purifier. Elle est un passage, un rite d'affranchissement.

Viendra ensuite le moment où vous réaliserez que le regard que vous portez sur le monde et sur vous-même a changé. Vous aurez grandi, mué ; vous aurez fait peau neuve !

Émerveillez-vous du parcours accompli malgré les larmes et les moments de grande solitude. Petit à petit, l'ineffable douleur laissera place à un vide permettant de créer un nouveau cicle...

Puis, vous ressentirez un petit picotement au niveau du plexus solaire.
Vous le sentirez jusque dans les tréfonds de vos chaires ...

Et, vous saurez ; l'étincelle est inextinguible !

Chapitre 1 : Le pacte[1]

« La destinée est un cheval rétif. Impossible de savoir quand elle va se cabrer. Les uns préfèrent ne pas se rebeller et lâchent les rênes, d'autres au contraire tentent de la soumettre. Peu réussissent à la chevaucher. Encore moins s'en rendent maîtres. », Vers les ténèbres, Andreï Dyakov

---

[1] Inspiré du conte *Histoire de la Petite âme*, écrit par Neal Donald Walsh

La petite âme flottait parmi d'innombrables âmes, toutes uniques et brillant d'une magnifique lumière tout aussi unique.

L'unicité dans le Grand Tout.

La contemplation de ce spectacle de lumière n'était que beauté. Mais, la petite âme avait en elle bien des questions auxquelles elle aurait tant aimé pouvoir apporter des réponses.

« Qui suis-je » ?

Bien évidemment, être une âme de lumière est simple. Il n'y a ni gravité, ni temps, ni espace. Tout est unité, infini et justesse. Tout ce qui est, est pour une raison, et cette raison est juste.

Pourtant la petite âme qui brillait de son intense lumière unique et magnifique ne cessait de s'interroger sur le sens, l'origine et le but de toute chose.

Qu'est-ce qu'implique « être lumière » ?

Et lorsqu'elle allait interroger les autres âmes de lumière, certaines semblaient indifférentes à la question car de telles questions n'avaient, selon ces dernières, aucun intérêt dans cet espace de lumière infini. Le simple fait d'être lumière était amplement suffisant, tandis que, les autres âmes qui l'écoutaient poser ses questions manifestaient une intense admiration, captivées par l'idée-même qu'une âme de lumière soit traversée par de tels sujets.

Mais, au bout du compte, la petite âme n'obtenait jamais de réponse lui permettant d'étancher sa soif de comprendre. Elle n'était ni fâchée, ni contrariée car de telles émotions ne pouvaient prendre forme dans le royaume des âmes de lumière. Au contraire, elle accueillait chaque réaction et réponse avec un calme et une bienveillance on ne peut plus naturels.

Pourtant, ses questions demeuraient encore et toujours sans réponse…

Après ce qui aurait pu paraitre une éternité, la petite âme décida de s'adresser au Grand Tout qui incarnait la sagesse et l'amour infini. Si quelqu'un pouvait lui apporter des réponses, ce serait incontestablement lui, pensa-t-elle remplie d'espoir et de joie !

Elle dû s'éloigner de l'antre où résidaient toutes les lumières d'âmes et se rendit auprès du Grand Tout. Tout déplacement, tout espace, toute volonté, étaient régis par les règles de la pensée. De ce fait, la petite âme n'eut qu'à penser très fort au Grand Tout pour se retrouver instantanément à ses côtés. Sa lumière clignota et s'intensifia en présence de cette infinie grandeur d'amour et de bonté.

_ Ô Grand Tout, j'ai des questions auxquelles personne n'a de réponse. Peux-tu m'aider ?

Le Grand Tout observa la petite âme du haut de son immense infinité.

_ Je t'écoute petite âme de lumière. L'écho que produisait le Grand Tout dans l'univers était telle une onde de chaleur et de lumière sans commune mesure.

_ Eh bien Grand Tout, je m'interroge ; Qui suis-je ?

_ Tu es une âme de lumière.

_ Qu'est-ce que signifie « être une âme de lumière » ?

_ Tu es essence de lumière pure ; tu es amour, pardon, compassion.

_ Comment puis-je comprendre ce que cela implique ?

_ Eh bien, c'est en côtoyant l'obscurité que tu pourras comprendre.

_ L'obscurité ah oui ? Qu'est-ce qu'une telle chose ?

_ C'est l'opposé de l'amour, du pardon et de la compassion.

_ Ces mots ne sont que des mots, pareils à une musique céleste, une mélodie dont la fréquence est si élevée que ma lumière bouillonne tel un soleil… Pourtant je ne comprends pas vraiment leur sens profond. En prononçant de telles paroles, la petite âme se réduisit instantanément et sa lumière fut si minuscule qu'elle semblait soudain éteinte.

Le Grand Tout la contempla d'un amour immense.

_ Es-tu sûre de vouloir comprendre cela ?

_ Oh oui j'en suis sûre !

La petite âme sautillait dans tous les sens avec son air pur d'innocence.

_ L'obscurité, petite âme, n'est que la fréquence vibratoire opposée de ce que tu es. Pour comprendre la lumière, apprends à pardonner l'obscurité, à l'aimer et à avoir de la compassion à son égard.

Le Grand Tout soupira.

_ En faisant cela, je pourrais comprendre ce qu'est la lumière, le pardon, l'amour et la compassion ?

_ Oui.

Silence, la petite âme était perplexe.

_ Grand Tout, comment puis-je faire cela ?

_ Il sera nécessaire que tu ralentisses ton taux vibratoire et que tu vives une vie humaine.

_ Et ainsi je comprendrais ce qu'est la lumière ?

_ Oui. Néanmoins une autre tâche t'incombera également.

_ Quoi donc Grand Tout ?

La petite âme brillait d'une lumière encore plus intense qu'à son habitude car elle sentait qu'enfin elle touchait à son but ultime... Comprendre.

_ Il faudra que tu choisisses ton âme amicale.

_ Mon âme amicale ?

_ Oui, une âme qui incarnera l'obscurité, celle qui t'éprouvera, celle qui, dans l'adversité te prodiguera l'enseignement de la lumière.

_ Oh mais comment puis-je trouver cela ? Tout ceci semble bien compliqué !

_ Toi qui cherche à comprendre la lumière, l'amour, le pardon et la compassion, va trouver l'âme qui cherche à comprendre l'obscurité, la haine, la vengeance et l'indifférence.

_ Existerait-il une âme qui cherche à comprendre cela ?

_ Dans cette immensité de l'infini, il y a de tout et tout a sa place dans la justesse des grandes lois de l'apprentissage. La dualité symbolise deux extrémités se rejoignant et s'unissant dans un grand tout. Tout ce qui existe a son contraire et pour autant chaque chose a son utilité. Va trouver ton âme amicale et reviens me voir.

La petite âme se mit alors en quête de trouver son âme amicale parmi toutes les âmes du royaume des âmes de lumière. Elle chercha longuement, sautillant d'âme en âme, dans l'espoir de trouver celle qui serait son âme amicale.

C'est seulement après de très longues recherches qu'elle trouva une jolie petite âme de lumière toute timide et désireuse de comprendre l'obscurité. Elles s'en allèrent retrouver le Grand Tout main dans la main.

_ Grand Tout, dirent-elle à l'unisson, nous voici devant toi, deux âmes prêtes à comprendre la lumière et l'obscurité !

La petite âme de lumière était très fière d'avoir pu trouver son âme amicale.

_ Chère âme amicale, es-tu consciente de la mission qui te revient ?

_ Oui Grand Tout, je serai l'âme amicale qui comprendra l'obscurité, annonça cette dernière avec timidité et douceur.

_ En effet, mais comprends-tu ce que cela implique ?

La jolie petite âme amicale ne sut répondre à cette question pourtant simple d'apparence.

_ Je l'ignore Grand Tout, dit-elle en clignotant légèrement.

_ Tu devras infliger une blessure profonde à l'âme qui t'as choisie pour « âme amicale ». De cette manière, tu l'aideras à comprendre la lumière. Cette blessure devra être chargée d'une énergie de haine face à l'amour qui te sera offert. Vous devrez toutes deux faire preuve d'un immense sacrifice. En effet, lorsque l'on inflige une blessure, nous nous l'infligeons aussi à nous-même. Aussi les stigmates des blessures que nous infligeons se logent dans les deux âmes simultanément. Parfois, lorsque les blessures sont intenses, elles deviennent des liens karmiques et il arrive que les âmes se retrouvent liées au travers de plusieurs vies afin de réussir à défaire les pactes de souffrances du passé.

Au fur et à mesure des explications fournies par le Grand Tout, les petites âmes avaient rétréci, se rapetissant à tel point qu'elles en devinrent quasiment imperceptibles. Le Grand Tout les contemplait du haut de son immensité, emprunte de déférence et d'amour pour leur noble courage.

_ Petite âme amicale, comprends-tu que ta mission sera de blesser la petite âme de lumière dans son essence de vie pour qu'elle puisse transmuter la haine en amour ?

_ Oui Grand Tout, il me semble comprendre.

_ C'est seulement par ce biais qu'elle pourra enfin comprendre la lumière en t'accordant son pardon, son amour et sa compassion. En revanche, en choisissant d'incarner la haine, la vengeance et l'indifférence, il se peut que tu en oublies ta propre lumière. C'est parfois le fardeau qui résulte des ténèbres ; l'âme qui la porte en oublie la source de lumière.

_ Ô Grand Tout, tout cela me semble bien effrayant à présent !

_ Sache petite âme amicale que toute peur a son contraire. Avoir beaucoup de peur implique d'avoir beaucoup de courage. Tu es donc bien courageuse petite âme amicale !

_ Mais comment puis-je retourner à l'état de lumière Grand Tout si j'en oublie mon essence en incarnant l'obscurité ?

_ En concluant un pacte avec l'âme qui t'a choisie. C'est en t'aimant de tout son cœur et en te pardonnant qu'elle te montrera le chemin vers la lumière ; ta lumière intérieure, car finalement, vous n'êtes qu'une seule et même fréquence originelle partageant la même source d'énergie.

L'âme amicale se tourna vers la petite âme de lumière.

_ Toi seule pourra me ramener dans la lumière. N'oublie pas de m'accorder ton pardon. Je m'en remets à toi.

_ Je ne t'abandonnerai pas, promit la petite âme de lumière qui voulait tant comprendre l'amour, le pardon et la compassion. Je t'aimerai, te pardonnerai et ferai preuve de compassion.

La petite âme amicale se tourna vers le Grand Tout.

_ Pourquoi suis-je son « âme amicale » si je dois la blesser avec mon obscurité ?

_ Parce que tu la feras grandir. Elle transcendera l'obscurité par amour. En te pardonnant, elle comprendra la puissance de la lumière en ce monde. L'obscurité existe pour sublimer la lumière.

Les deux petites âmes avaient bien peur tout à coup. Comprendre le sens de ces choses comme l'amour et la haine, le pardon et la vengeance, la compassion et l'indifférence semblait bien compliqué !

Le Grand Tout les observait d'un regard tendre.

_ Ce qu'il vous faut comprendre petites âmes de lumière c'est que l'obscurité n'est que le reflet de la lumière dans une énergie inversée. Lumière et obscurité sont telles le Ying et le Yang, il s'agit d'un principe de dualité qui existe depuis le commencement de toute chose.

Un silence absolu s'installa dans l'immensité de l'infini. Le Grand Tout enveloppa les petites âmes de lumière d'une brise de vibration emprunte de sagesse.

_ Êtes-vous prêtes ?

Les petites âmes s'enlacèrent doucement comme pour se réchauffer et s'apporter du réconfort. Puis, après avoir échangé une dernière lueur, une dernière étincelle, une étreinte lumineuse, elles répondirent :

_ Nous sommes prêtes.

_ Qu'il en soit ainsi !

Le Grand Tout souffla si fort que les deux âmes tournoyèrent dans les cieux et tournoyèrent et tournoyèrent encore. Progressivement, elles modifièrent leur fréquence vibratoire pour densifier leur énergie et donc, descendre vers une petite planète bleue du nom de Gaïa ; la Terre.

Chapitre 2 : L'engrenage

« Dans les grandes crises, le cœur se brise ou se bronze. »
Honoré de Balzac, La Maison du chat-qui-pelote

Jetant un rapide coup d'œil à sa montre, elle alluma une cigarette après avoir entrouvert la vitre. Un long soupir de soulagement accompagnait la fumée blanchâtre qui s'échappait nonchalamment par la fenêtre de sa petite citadine, une Japonaise rouge qui aurait pu sortit tout droit d'un manga.

A l'intérieur, la jeune femme de trente-six ans, les yeux bleu océan relevés par d'épais sourcils noirs, le visage émacié et un air triste, scrutait l'immeuble d'en face. Sa voiture était garée à l'abri des regards indiscrets.

Le temps ne pressait pas, bien au contraire. Il était encore tôt, et bien qu'elle connût à la perfection le timing de la journée qui allait de dérouler, elle rouvrit nerveusement le petit calepin noir qui était posé sur le siège du passager et réétudia ses notes, les mémorisant pour la millième fois.

Ce n'est pas tous les jours qu'on s'apprête à commettre l'irréparable.

Puis, elle sortit de la voiture, marcha quelques centaines de mètres et trouva un renfoncement d'où personne ne la verrait. Les pages du calepin furent arrachées, puis brulées.

Chaque soupir, chaque respiration même saccadée par l'angoisse fabriquait un petit nuage de vapeur qui sortait de sa fine bouche. Frottant ses mains l'une contre l'autre pour se réchauffer, elle enfila ensuite un bonnet de laine épaisse pour se couvrir les oreilles. Il devait bien faire deux ou trois degrés, pas plus. Un vrai froid de canard !

Elle sourit tristement, non pas que la situation fût drôle mais elle savait que les dés étaient jetés et que toute sa vie allait se jouer en l'espace de quelques secondes plus tard.

Même si elle savait qu'il ne fallait pas laisser les souvenirs remonter au bord de sa mémoire obscurcie, le visage de son petit neveu lui apparût. Une bouille ronde et généreuse, un sourire innocent rempli de dents de lait et de cris d'étonnement.

Ne pas penser, ne pas se souvenir…

Un violent pincement vint titiller son cœur d'un espoir qu'elle pensait anéanti pour toujours. Elle se remémora la naissance de ses petits neveux ; un mélange de joie et de souffrance. Les regarder découvrir chaque instant de vie avec cet incroyable appétit pour percer les mystères de toutes choses, mêmes les plus simples, avait quelque-chose de fascinant.

Mais en même temps, leurs toutes petites mains et leurs langues qui s'entortillaient parfois comme de la pâte à modeler, leurs regards pétillants, le son de leurs voix mal maitrisées, l'éclat de leurs rires, tout cela, était chaque fois comme des milliards de lames de rasoirs qui tailladaient son cœur.

Toutefois, elle n'avait que le silence dans lequel s'emmurer, car, comment exprimer que ses petits neveux, ces deux êtres à la bouille angélique, lui rappelaient les enfants qu'elle avait sciemment décidé de ne pas garder pour leur éviter une vie cauchemardesque ?

Ce n'était pas des pensées qu'elle pouvait partager… elle les avait enfouies sous des tonnes de silences meurtris.

Des larmes coulaient le long de ces joues amaigries par le poids des regrets amères. Des joues qui n'avaient pas vu de sourire depuis bien longtemps, des joues qui aimeraient retrouver le goût des baisers amoureux mais qui, bien trop peinées, refusaient désormais la moindre possibilité d'amour dans un futur proche ou lointain.

L'amour était cette sensation euphorisante qui naissait dans le creux de l'estomac en rencontrant cet inconnu attirant, mais, il faisait naitre des attentes, des besoins et devenait une chose exigeante et trompeuse. L'amour pouvait bercer le cœur d'illusions pour ensuite mourir dans des ravins enchevêtrés de l'âme, agonisant sa fin dans des effluves crasseux. L'amour se retrouvais alors jeté tel un cadavre sans considération au détour d'une route anonyme.

Un sanglot s'étouffa dans sa gorge nouée. A quoi bon pleurer, elle n'avait fait que ça depuis deux ans. Et, malgré les larmes qui avaient quitté son corps en laissant son âme desséchée, aucun soulagement n'avait daigné embaumer sa poitrine.

D'un revers de la main, elle sécha son visage, puis, renifla bruyamment. Son reflet dans la vitre d'une voiture abandonnée la surprit. Comment pouvait-on à ce point ne pas se reconnaitre soi-même ?

Cette femme plutôt jolie à une époque, et pleine de vie, cette rebelle au cœur généreux s'était évaporée. Ça lui en donnait le tournis car une chose était sûre, elle ne méritait pas le fardeau qui s'était installé dans son âme. Un fardeau qui pesait si lourd, que le poids de son corps frêle en était devenu presque insoutenable.

Repenser à tout cela ne lui faisait aucun bien, mais, un peu comme une écorchure dans la bouche que l'on ne pouvait s'empêcher de titiller avec la langue, le fait de repenser à son passé semblait en cet instant un délicieux moment de souffrance masochiste auquel elle succomba. Si elle s'alimentait de cette noirceur pour tenir c'est qu'il ne lui restait plus que ça. Alors, elle se résolut à y songer, comme un animal se résout à sa propre mort face à un prédateur plus fort.

17h00.

Elle se dirigea vers son véhicule en fumant une énième cigarette. La nuit tombait déjà et le froid s'intensifiait.

Une fois à l'intérieur, elle passa un chiffon poussiéreux sur la vitre du pare-brise pour pouvoir observer la porte d'entrée de l'immeuble d'en face.

A force d'avoir scruté cette putain de porte d'entrée pendant des heures, elle la garderait en mémoire pour le restant de ses jours.

17h30. Il était bientôt l'heure.

Elle sortit un chiffon qu'elle imbiba de javel pour désinfecter le véhicule et effacer ses empruntes. Ses effets personnels furent ensuite jetés dans une des grosses bennes marrons qui trainait dans la rue voisine. Puis, elle enroula son visage dans une grosse écharpe, puis enfila un manteau noir et large. La capuche de son sweat rabattu, elle savait qu'elle ne serait pas facilement identifiable, voire pas du tout. Elle ouvrit la boîte à gants et empoigna deux enveloppes A4 qu'elle plia et fourra dans sa veste.

Enfin, elle quitta la voiture en laissant les clés sur le contact, la voiture ne tarderait pas à être volée. Et cela était exactement ce qu'elle souhaitait. Personne ne remonterait jusqu'à elle dans la mesure où elle l'avait achetée cash à un mec qui s'occupait d'un large réseau de trafic illégal de véhicules volés.

Après dix minutes de marche, elle choisit l'angle d'une rue qu'elle avait repérée plusieurs semaines en arrière. L'emplacement était idéal pour voir sans être vu.

17h42. L'homme grand et aux épaules carrés qu'elle attendait était en train de se diriger en direction de la gare, il s'approchait du point d'observation depuis le trottoir opposé.

Sa démarche était fière, assurée, imposante. Un casque sur les oreilles, fumant une roulée, il reluquait sur son passage tout bipède appartenant à la gent féminine entre quinze et soixante ans, pourvu qu'il soit repéré comme mâle alpha en retour.

Il y avait dans l'attitude de cet homme quelque-chose d'animal, de primitif, de violent qui lui conférait un charisme magnétique sombre, presque obscène. On devinait à la façon qu'il avait de se lécher les lèvres, un air de prédateur assoiffé que mille conquêtes ne pourraient étancher, comme une irrépressible faim indomptable, une rage de conquérir, d'assouvir, de posséder et de détruire qui n'existe que chez les hommes dénués de tout sentiment humain, hormis l'égo et la haine.

Sa longue chevelure noir ébène, sa barbe longue et parfaitement lisse montraient sans l'ombre d'un doute qu'il prenait soin de son apparence, et que, ces deux apparats, il les affichait comme un chef tribal afficherait sa gloire et sa suffisance au reste du monde.

Sa voix rauque et dure évoquait une peur viscérale qu'il masquait aisément par une parade grossière et m'as-tu-vu de phrasés belliqueux. Au siècle des lumières, il aurait été décapité rien que pour son langage vulgaire et dépourvu d'intelligence.

Il passa le tourniquet de contrôle des billets.

Après avoir laissé quelques personnes passer devant elle, elle en fit de même.

Elle monta dans le même wagon bondé, en s'assurant d'être à plusieurs mètres derrière lui, de façon à ce qu'il ne la vît pas.

Apparemment, il était en pleine conversation téléphonique qu'il imposa rapidement au reste des passagers sans l'once d'une gêne. Sa voix portait suffisamment pour qu'aucuns n'eût de doute sur le message adressé à l'auditoire quant à sa souveraineté autoproclamée.

Tout chez cette personne transpirait une avidité de supériorité, une volonté farouche d'être craint, comme si cela pourrait lui garantir du respect voire de l'admiration. D'ailleurs, il était évident que le simple fait qu'il cherchât à impressionner par la peur d'une violence imminente sur son entourage trahissait une existence dénuée de compassion, d'abord pour lui-même et, par extension pour les autres.

18h00. 8 stations plus tard, il descendit, suivi de près par la jeune femme quasi invisible.

Après une session de courte filature dans les rues dédaléennes parisiennes, l'homme s'arrêta devant l'entrée d'un hammam, connu dans cet arrondissement pour ses activités homosexuelles occasionnelles. Ici, de parfaits inconnus pouvaient s'adonner à toutes sortes de pratiques hédonistes de la chair sans penser au lendemain.

Il fuma une roulée sur le trottoir d'en face, hésitant, comme tiraillé entre le fait de fuir ou de céder à ses instincts primitifs qui le rebutaient malgré lui. Il succomba rapidement, optant pour la satisfaction instantanée de cette pulsion vorace de se faire prendre par un sexagénaire en rut qui lui tirerait la tête en arrière en agrippant sa longue queue de cheval tout en le soumettant à quatre pattes comme un chien.

L'inconnue attendit dix minutes incognito à l'extérieur avant de pénétrer dans les lieux. Elle déposa une enveloppe épaisse au réceptionniste qui lui serra la main, puis elle ressortit. Non loin de là, la terrasse d'un petit café lui permettrait d'attendre tranquillement que l'éphèbe aux tendances androgames non-exclusives ne finît sa besogne.

L'homme était si prévisible qu'une collation et un verre d'alcool gratuits, offerts par la maison, après la satisfaction de ses pulsions sexuelles réprimées depuis trop longtemps, n'auraient su être déclinés. Ainsi, de nos jours, il était très facile de trouver un complice amoral et anonyme en quête de petits sous pour accomplir cette tâche dans le hammam parisien.

L'argent n'a jamais perverti l'humain... Lui seul décide de son libre arbitre en succombant à la perversion. Elle sourit en pensant avoir gardé un certain goût pour la philo.

Près d'une heure plus tard, il sortit inconscient, porté par deux hommes bien bâtis qui le tenaient fermement de part et d'autre. Une fourgonnette blanche arriva à leur hauteur, la porte latérale s'ouvrit, et les deux armoires à glace le glissèrent à l'intérieur.

Le véhicule s'éloigna tranquillement.

L'observatrice silencieuse écrasa sa cigarette, vérifia que la scène se fût déroulée sans témoins indésirables. Enfin, elle tourna au coin de la rue, traversa et s'en alla avec une sorte de calme plat indifférent.

Chapitre 3 : Les bons ingrédients

« Jamais d'accent sur le e de ego ! Ce serait un pléonasme puisqu'un ego ne cesse de mettre l'accent sur lui. », Bernard Pivot

Quand deux personnes se rencontrent, bien évidemment, au départ, elles ne se demandent pas consciemment quels seront les ingrédients qui garantiront la réussite de la recette.

C'est la somme des ingrédients de chaque individu qui permet de composer une toute nouvelle recette unique en son genre, qui sera, quoi qu'il arrive, inimitable. Il peut même arriver que deux personnes ne présentent pas du tout, au premier abord, les ingrédients qui seront compatibles entre eux, et pourtant…

Ainsi, ces deux personnes ignorent si elles devront bouffer de la choucroute ou d'un moelleux au chocolat jusqu'à ce que le plat leur soit servi. Et, dans les deux cas, quand bien même elles le sauraient à l'avance, il serait bien difficile de savoir si c'est de l'un ou de l'autre dont elles auraient vraiment envie tant qu'elles n'y auront pas goûté.

Mais, concrètement, il faut goûter avant de savoir si on va vouloir ensuite en bouffer à toutes les sauces dans la durée.

En ce qui me concerne, je suis tombée sur une bonne grosse choucroute qu'il m'a fallu digérer pendant bien deux ans. Et j'en ai encore parfois quelques remontées acides !

Petit rototo et on repart ! *(Charmant je sais !)*

Je me demande bien d'ailleurs pourquoi on finit par dire « avoir mal au cœur » ou « avoir des hauts le cœur » pour exprimer le fait que nous avons la nausée voire envie de régurgiter après avoir mangé un plat qui n'est pas passé.

Pourquoi le « cœur » s'il n'est pas impliqué dans le processus de digestion ?

Eh bien, peut-être serait-ce parce que le cœur sait ce qui est bon pour nous. Et si on en croit les dernières découvertes, nous avons des neurones dans le cœur et dans les intestins. De ce fait, il arrive bien souvent que le corps sache avant la tête ce qui va lui faire du bien ou pas. Le corps et le cœur sentent ce que la tête préfère bien souvent ignorer.

Bienvenus au 21ème siècle où la survie dépend désormais de l'intellect au détriment du ressenti, de la logique au détriment de l'émotion, du cerveau gauche au détriment du droit, du mental au détriment du cœur et des tripes !

Dans ma recette supra calorique, les hauts le cœur qui ont duré près de 18 mois m'ont conduite à perdre près de 25 kilos en six mois alors que j'en pesais 63. (*Attention au carnage, ça va dépoter sévère !*)

J'ai eu si mal au cœur que j'ai bien cru le perdre ! (*Pauv' p'tit doudou de cœur tout gentil qui a souffert*).

Laissez-moi vous raconter.

Ma choucroute au départ, avait des allures de Zlabia ; c'est un dessert algérien au miel et à la fleur d'oranger qui est délicieux seulement si vous n'en avalez qu'un ... Car un deuxième serait bien trop écœurant pour un palais délicat (*cellulite, diabète, crise cardiaque garantis*).

La métaphore est parfaite car, il était mielleux et doux ce mec et il se faisait passer pour un ancien de cité repenti. Bon, « ancien », pas tout à fait quand on sait que je l'ai rencontré avec un bracelet électronique. (*Big up, Big LOL, ça pue déjà me diras-tu !*).

La raison du port du bracelet ? Oui vous souhaiteriez sûrement la connaitre, mais en fin de compte, je ne pourrais jamais vraiment le savoir car mon Zlabia était un mytho professionnel et, bien que j'aie découvert ce détail sur le tard, je me suis rendu compte après coup que tout ce qu'il m'avait raconté de lui n'était qu'une succession de bobards poisseux et puants.

Évidemment, vous vous direz que le port du bracelet en soi, ne présageait rien de bon ! Soit, je ne pourrai pas cacher bien longtemps que la naïveté et moi étions d'excellentes amies. Mais la personne que j'étais à l'époque vous aurait dit à quel point juger sur les apparences n'était pas pertinent et juste.

Tout le monde a droit à une seconde chance après tout ! (*Bon, il y a des exceptions à la règle apparemment, lui, on peut cocher la case « Interdiction à toute forme de seconde chance sous peine de mort imminente »*).

Croyez-moi après réflexion, je pense que dans bien des cas, l'habit fait finalement le moine !

Aujourd'hui, j'aurais quand même tendance à vous dire que si le mec porte un bracelet électronique, la méfiance serait de mise (*en gros, barre-toi illico, taïaut, taïaut bande de buses !*).

Si seulement j'avais pu prendre mes jambes à mon cou, (*sacrebleu de morte couille,*) je ne serais pas en train de vous écrire ce livre pour faire une thérapie et me soigner. (*Je prends une lente respiration et on y retourne... là tout de suite, je me demande si c'était une bonne idée d'arrêter de fumer !*).

Donc, voilà on y est, novembre 2017, en ce temps-là, deux masters en poche dont un avec mention, parlant trois langues couramment, je bossais comme Responsable Europe du Sud pour une boîte Danoise et je pratiquais énormément de danse Afro Caribéenne dans une école parisienne du nom de SalsaBrosa (*cherche pas, j'ai changé le nom*) où j'avais intégré une team semi professionnelle.

Mon égo était gonflé à bloc ; bon salaire, autonomie dans mon travail à voyager partout en Europe en passant par les grands salons annuels de Las Vegas, Barcelone, Monaco, Berlin, les hôtels à Lisbonne, Monaco, au Luxembourg... je me sentais pousser des ailes. J'avais depuis peu rompu avec un mec en or mais qui avait manifesté des signes d'Asperger et qui ne m'avait pas semblé hyper carré côté fidélité (*oui je sais, vous commencez déjà à vous dire qu'en amour dans ma vie, « ça sent mauvais dans l'aiiiiiiiir », merci Pumba, private joke pour les lovers de Disney, traduction pour les non lovers de Disney : ça pue du fion, chaud patate !*).

J'étais sur le point d'acquérir mon premier bien immobilier, non peu fière, et j'avais payé ma voiture cash (*merci papa pour le cadeau*). Et, pour couronner le tout, le directeur de l'école de danse où je bossais comme une dure me courait après, ce qui contribuait à me donner un sentiment de toute puissance (*bon en fait, j'ai compris avec le recul qu'on était plusieurs dans ce cas de figure, mon boule de rêve n'y était donc pour rien*).

J'enchainais des journées de taf intenses le jour, et je chauffais le parquet de l'école de danse avec mes talons de 7 centimètres de danseuse de salsa le soir. J'étais au méga taquet, une petite bomba pas-du-tout Latina mais qui se sentait canon 3 ou 4 jours sur 7 (*oui je me la pète, t'inquiète pas, ça va changer*).

On récapitule : un taf à 50 heures par semaine et de la danse à 15 heures par semaine, ça carburait sévère ! Une vie bien remplie à fuir bien des problèmes existentiels dont je n'avais pas du tout conscience, comme la plupart des individus de ce monde (*applause !*).

Moment culture, ne serait-ce pas Zola qui disait : « heureux sont les ignorants » ? Arf, sacré Zola !

Aller, redevenons superficiels et légers, un selfie, la bouche en cul de poule, filtre fake face, push up en haut et en bas, on est reeeaaady ?

Nous y voilà donc, la seule chose qui m'attendait au tournant, c'était ce bon gros stop que j'allais me prendre en pleine tronche (*Patience, ça va venir*).

Pendant près d'un an, tous les soirs de la semaine quasiment, je retrouvais les acolytes de la danse et on donnait tout ce qu'on avait dans nos tripes. On croyait qu'on allait toucher un jour les étoiles même si l'école en question, un peu sur la pente descendante, ne produisait plus grand-chose d'innovant en matière de danse afro caribéenne depuis déjà quelques années. Mais nous, on voulait y croire dur comme fer et on ne rechignait pas, même si on s'en prenait plein la gueule par le directeur d'école et formateur des danseurs pour qui rien n'était jamais assez bien. Petit portrait-robot : Un antillais plutôt bel homme, souffrant du syndrome du sauveur affiché et du bourreau réprimé, auto-proclamé réincarnation de Jésus Christ, des tendances sadiques et misogynes assez marquées et qui, en prime, ne savait pas garder son engin reproducteur dans son slip (*J'aurais dû faire des études de psy, on est d'accord ?*).

Et moi forcément, en bonne *victimo-masochiste* hypersensible et hyper empathique, j'avais mordu à l'hameçon à fond les ballons (*youhou, c'est moi, viens par ici mon chaton !*).

« *Oh oui sauve-moi et insulte-moi, dis-moi que je danse comme une merde et viens me dire que tu vas faire de moi la meilleure danseuse juste après* » ... Vive la manipulation à deux balles à surfer sur le rêve des âmes sensibles qui se trouvaient sur son chemin ! Mais, eh oui, ça fonctionnait, surtout s'il pouvait y gagner une pipe au passage ; ce qu'il ne manqua pas de faire avec de nombreuses danseuses, moi y compris d'ailleurs *(#Balance ton porc !)*.

Il est important ici que je précise la notion de consentement car il y en avait. Je ne dénonce pas d'abus sexuel. Je dénonce la manipulation, le chaud-froid permanent dont sont friands les manipulateurs pour déstabiliser leurs proies, leur faire perdre leurs repères moraux, instaurer un pseudo chantage psychologique et émotionnel sur la notion d'obligation envers une école de danse, alors qu'en réalité, un enseignant devrait *(oui j'utilise du conditionnel)* être un individu doté d'une certaine éthique et ne pas chercher à forniquer avec ses élèves placées sous sa responsabilité dans une position de vulnérabilité. Je parle de vulnérabilité car il s'avère que les hypersensibles un peu égarés et en proies aux doutes permanents sont un match parfait pour les pervers narcissiques qui cherchent à faire mumuse en prônant leur expertise de coach en développement personnel... *(je suis tellement pliée de rire là)*.

D'ailleurs, mentionnons l'importance de la soumission de la partenaire au féminin comme étant une valeur très clairement établie et affichée dans le monde des danses afro-caribéennes. Un prérequis complètement désuet quand on sort des écoles de danse vieux jeux ! Dans mon cas de figure, il s'agissait d'une magnifique situation non éthique de la part du professionnel de formation qui diminuait l'auto-estime de ses danseurs pour ensuite en tirer une forme de profit personnel. Une fois ceux-ci convaincus de leur valeur au rabais, il n'avait plus qu'à les ramasser à la petite cuillère *(Youhou, c'est toujours moi, par ici mon chaton, gentil minou écervelé qui va passer sous les roues du gros vilain méchant camion !)*.

Je crois qu'avec du recul, si je devais marquer d'une croix rouge le calendrier de ma vie pour surligner le moment où ma vie a commencé à basculer du mauvais côté de la balance, ça serait indéniablement le jour où j'ai laissé cet homme « profiter » de sa position de formateur pour mettre ses élèves (dont moi) dans son lit...

Il avait en permanence un harem, à jouir des rouages de la manipulation qu'il chorégraphiait au fur et à mesure, et sans en connaître les désastreuses et fâcheuses conséquences pour le cœur des femmes qui passaient par là (*Mes chères brebis, fuyez les loups sous leurs airs de gentils bergers et dressez fièrement les trois phalanges de votre annulaire !*).

Bref, passons !

Dans le lot de l'équipe des danseurs que j'avais intégrée, il y avait un mec, plus jeune que moi, un Portugais assez mignon avec lequel je flirtais. Il avait ce petit quelque-chose de touchant qui m'avait pincé le cœur sans crier gare. Je me suis rapidement retrouvée à dormir chez lui de temps en temps, sans que cela ne s'ébruite. Dans ce monde de la danse où tout le monde couchait avec tout le monde, il fallait sauver les apparences pour préserver les opportunités. S'afficher avec une fille c'était prendre le risque de ne plus pouvoir sauter les autres, bien que pour certains professeurs de l'école, être marié et sauter les élèves, n'était clairement pas un souci (*spéciale dédicace à toi qui se reconnaitra, PS, tu n'es pas la réincarnation de JC !*).

En conclusion, Domi (*de son faux nom*) était devenu un « pote avec plus si affinités » certaines nuits et un complice lors des répétitions de danse. Tout se passait comme sur des roulettes, jusqu'au jour où il a décidé de me présenter à son meilleur ami ; le dessert Zlabia au bidon enrobé et à la dent de devant légèrement jaunie (*à vous aussi il vous vend du rêve hein ? Hop, petite remontée acide et haut le cœur... petit rototo et on repart !*).

Ce soir-là, avant de partir en soirée dansante, je prenais l'apéro avec Domi et Zlabia, et tandis qu'on parlait de tout et de rien, mes signaux d'alarme ne se sont pas déclenchés (*vilains signaux d'alarme défaillants*) !

Je n'ai absolument rien capté à ce qu'il se passait sous mon nez…

Zlabia me mettait progressivement le grappin dessus et moi, je souriais béate au monde en pensant que nous pouvions tous manger des nachos en dansant la carioca, le tout avec des licornes qui pétaient des arcs-en-ciel et des paillettes. (*Rajoutez en prime les chérubins qui dansent à poil en chantant les louanges de l'amour... Euh, file-moi le gun que je les dégomme !).*

L'histoire de la Belle et la Bête était sur le point de naître (*qu'on se le dise, j'aurais presque préféré un bon gros Roméo & Juliette, double suicide, happy ending garanti !)*

Cette rencontre était le symbole du choc de deux mondes sur tous les plans ; culturel, religieux, social. Sans compter sur le choc des valeurs humaines : honnêteté, bienveillance, respect vs mythomanie, malhonnêteté, irrespect total pour les femmes.

Après cette soirée, le dessert zlabia m'a travaillée au corps pendant plusieurs mois. Malgré mes tentatives désespérées d'esquive qui consistaient à lui dire que je croulais sous le travail et les répétitions de danse, j'ai peu à peu lâché du lest. Il m'appelait le soir sur le chemin du retour de mes répétitions de danse, et je me suis surprise à le trouver drôle, même dans son rôle de caïd à deux balles.

Nous nous racontions nos secrets respectifs, enfin surtout moi vu que lui est un mytho suprême. D'ailleurs le pervers narcissique est doté d'une douance extraordinaire pour soutirer les secrets de vie de sa proie, ses moments de faiblesses pour ensuite pouvoir appuyer là où ça fait mal. Il a ainsi décortiqué mes moments de loose, mes moments de rires et de larmes et j'ai fini par m'en faire un pote (*putain de signaux d'alarme défaillants sacrebleu de poils de fion de chameau !).*

D'ailleurs ce pote « pas comme les autres » m'a appelé le 15 mars 2018, jour de mon anniversaire, pour m'annoncer qu'il n'oublierait jamais cette date car on venait de lui poser son bracelet électronique (*vilains, très vilains signaux d'alarme défaillants nom d'un pissenlit).* Et moi, pauvre écervelée que j'étais, j'ai écouté l'info avec un ton détaché et amusé en pensant qu'il n'était qu'un gamin de cité qui se vantait de ses exploits de bandit pour attraper le cœur des filles. (*BINGO, Jackpot, jouez c'est gagner, hop Euro-million les amis, tombola... et surtout sauve qui peut !)*

Les dés étaient jetés, la chasse avait commencé et la proie était déjà dans les filets (*c'est bibi* ☺).

Je vous parlais préalablement des bons ingrédients…

Qu'est-ce qui fait selon vous que deux personnes que tout oppose pourraient avoir les bons ingrédients pour que la recette soit un succès ?

Il faut d'un côté beaucoup d'égo, de fausses croyances, un sentiment de toute puissance, de la naïveté, une blessure profonde d'abandon dans son essence de vie, l'envie de vivre un jour le grand amour pour se sentir exister…

Et de l'autre, il faut… beaucoup d'égo, de fausses croyances, un sentiment de toute puissance, une blessure profonde d'humiliation dans son essence de vie, et l'envie de briser l'autre pour exister.

A cet instant, j'étais au summum de mes fausses croyances de toute puissance. Et lorsque Zlabia s'est approché de moi, je l'ai trouvé tellement insignifiant que j'ai baissé ma garde, et je ne me suis pas méfiée.

Dans mon monde de petite bourgeoise, il était un cafard qui croisait ma route, je le snobais pendant que je fricotais avec son meilleur ami (*oui l'humilité n'était pas au rendez-vous*). Toutefois, parce que mon égo était à son paroxysme et le prenait de haut, je l'ai laissé rentrer dans ma vie par la petite porte des domestiques, en le croyant sans intérêt et sans danger. (*Post-it pour moi-même : « Mettre à jour le système des signaux d'alarme, rebooter si nécessaire tout le disque-dur… Et condamne-moi cette putain de porte de derrière pour des domestiques qui n'ont jamais existés car tu n'es pas une bourgeoise !!!*)

Les parfaits ingrédients étaient donc là, réunis !

J'étais à point pour passer à la casserole, il ne manquait plus que l'assaisonnement.

La Bête en mode « dalleuse » qui voyait une petite aubaine se profiler à l'horizon allait enfin se faire un p'tit casse-dalle juteux (*c'est toujours bibi*) !

Perdition amoureuse

Nommons-la « ironie »,
Cette satanée vie,
Tantôt douce, bohème,
Tantôt cruel crève-cœur...
Bel ami, je blasphème
Je tangue, folle, amère.

Un soupçon lâche erre
Léger vil, il se terre,
Nonobstant il se meurt
Lorsque brille votre lumière.

Vous aimer est musique,
Un ballet onirique.
Apollon, dansez-moi
Érotiques émois,
Embrassez dont mes lèvres,
Déchirez mes jupons,
Un répit, une trêve.

Sur ma tête les fleurons
D'une antique couronne
Où mille fleurs bourgeonnent.

Fière allure, une madone
Amante digne, je m'adonne.

Pécheresse vertueuse,
Aux courbes plantureuses,
Délices dangereuses,
Je m'endors, amoureuse.

Loin d'une longue exégèse,
Un aveu humble qui pèse,
Une lente Perdition,
Doucereuse soumission,
Un verbe, une vibration
Écho lointain ... "je t'aime"

Chapitre 4 : Le début de la fin

« Le vrai désespoir ne nait pas devant une adversité obstinée, ni dans l'épuisement d'une lutte inégale. Il vient de ce qu'on ne connait plus ses raisons de lutter, et si, justement, il faut lutter ».
Lettres à un ami allemand, Albert Camus.

Elle arriva dans le hangar désaffecté, la mine impassible.

Le groupe d'hommes qu'elle avait embauchés l'attendaient à l'intérieur en fumant des cigarettes de marques étrangères et jouant aux cartes. Elle les salua d'un geste de la tête et se dirigea vers celui qui était aux commandes.

_ Tout s'est bien passé ?

_ Sans l'ombre d'un problème.

Il avait un léger accent Serbe ou Croate.

_ Où est-il ?

_ Il est toujours dans le coltard. On l'a mis dans l'ancienne chambre froide et on l'a fermement ligoté histoire de s'assurer qu'il ne tenterait rien de stupide.

_ Parfait. On passe à la phase 2.

_ Vous êtes sûre de vouloir aller jusqu'au bout ?

_ Evidemment.

_ Vous avez notre argent ?

_ Comme convenu, la moitié aujourd'hui et l'autre a été déposée dans une consigne dans l'une des nombreuses gares de la ville. Je suis la seule à connaitre le numéro et le code pour l'ouvrir. Si jamais l'envie de me doubler vous prenait, vous perdriez cette moitié.

Elle lui tendit une enveloppe A4 dans laquelle une somme rondelette se trouvait. Il y jeta un rapide coup d'œil avant d'acquiescer de la tête d'un air satisfait.

_ Je ne compte pas vous rouler. Votre plan est culoté, vous êtes couillue et ça se respecte. Rien que pour ça, je suis tenté de vous suivre jusqu'au bout.

_ Parfait.

Son indifférence semblait être un état naturel chez elle. Plus rien ne la surprenait vraiment dans la nature humaine. Elle y voyait un amas d'immondices et de sournoiseries face auxquelles se résigner lui avait semblé plus acceptable.

_ Je vais devoir enfreindre mes règles.

L'homme avait légèrement grimacé en énonçant ce fait.

_ Oui je sais mais cela faisait partie de notre accord.

_ Ni femme ni enfant, c'était ma règle d'or jusqu'à ce que je vous rencontre.

_ Il y a toujours une règle qui existe quelque part pour être enfreinte.

_ Vous croyez ?

_ J'en suis certaine. Maintenant, mettons-nous au travail.

Elle détacha ses cheveux retenus en queue de cheval, retira le pullover épais de laine qu'elle portait sur son corps frêle, plus proche d'un sac d'os que d'un corps de femme, puis, elle fit face à l'homme, le regard vide.

_ Je vous le demande une dernière fois, êtes-vous sûre de vous ?

_ On ne peut plus sûre.

En tâtonnant les poches de son jean délavé, elle sortit machinalement une cigarette qu'elle alluma avec la dextérité propre aux fumeurs accro de tabac. Elle inspira bruyamment la fumée blanchâtre qui ressortit aussitôt par ses narines délicates.

L'homme qui la regardait en silence s'approcha et lui prit la cigarette qui pendait à ses lèvres. Il prit à son tour une longue bouffée dont il se reput quelques secondes. Alors, il soupira et se résigna en posant la clope sur le rebord d'une vieille chaise métallique. Puis, il retira les bagues qu'il portait aux mains et les posa soigneusement dans un ordre que seul lui semblait maitriser sur cette même chaise. Roulant des épaules et de la tête comme pour s'échauffer, un léger sourire en coin, l'amusement l'avait gagné.

Elle s'approcha de lui sans avoir l'air de vraiment le voir, un peu comme l'aurait fait une âme errante telle une coquille sans vie.

D'un mouvement de recul comme pour prendre un peu d'élan, il lui décrocha un coup de poing en plein visage. La jeune femme s'écroula sur le béton sale en gémissant légèrement de douleur. Un filet de sang coulait le long de ses lèvres fines.

Il l'aida à se relever en lui tendant une main ferme, la remit sur pieds sans le moindre effort. A tout casser, le corps de la femme ne devait pas dépasser les 40 kilos.

_ Encore, lui ordonna-t-elle les jambes flageolantes et le visage tuméfié.

L'homme s'exécuta une seconde fois, puis une troisième….

Et enfin, une quatrième un peu péniblement, davantage par pitié que parce que cela lui demandait un effort physique. Il s'essuya les phalanges de la main avec un vieux chiffon crasseux pour retirer le sang de la jeune femme. Ensuite, il enfila les bagues en or qu'il avait laissées plus tôt sur le rebord de la chaise.

Allongée face contre terre, les battements de son cœur battaient à tout rompre dans son crâne reposant contre le sol frais. Avant de perdre connaissance, elle se souvint avoir trouvé un semblant de réconfort à enfin ressentir quelque-chose dans son corps en ruine. Car aussi douloureuse fût cette sensation, au moins, ce quelque-chose avait une saveur ; un goût de fer âpre contre son palais... son propre sang...

Obscurité.

« Nos destinées et nos volontés jouent presque toujours à contretemps. », André Maurois

Vous êtes-vous demandé si vous croyiez au karma ?

Et d'ailleurs pourriez-vous expliquer ce que c'est ?

Quelle idée enchanteresse que le karma non ?

Un cycle de réincarnation reposant sur un principe de juste équilibre cosmique où les actions de nos vies passées auraient une incidence sur notre vie présente. Notre corps serait un véhicule d'emprunt que l'on restituerait à la fin du parcours pour nourrir les vers. Un cycle de recommencement perpétuel.

Ce qui compterait à chaque incarnation, ça serait de s'améliorer pour atteindre l'ascension vers la lumière. (*Répète après moi : « c'est cela oui ! Et la marmotte met le chocolat, dans le papier d'alu !*)

En sanskrit, le mot « Karma » signifie « *action* ».

J'ai lu quelque part que le Karma pourrait être comparé à la loi de Newton ; c'est-à-dire que pour chaque action, il y aurait une réaction égale et opposée. Ainsi, lorsque nous pensons, parlons ou agissons, nous créons une force qui va réagir en conséquence (https://www.wemystic.fr/karma-personne/, n.d.)…

Magnifique concept, bravo, l'équipe marketing a bien bossé !

Néanmoins, une partie de moi y a toujours cru et s'est inexorablement raccroché à cette notion si réconfortante.

« Fais toujours de ton mieux, ici ou ailleurs, tu seras récompensée » (*c'est moi quand je me parle à moi-même ! Toi aussi, t'es pas seule dans ta tête ?*).

Et, je puis vous assurer que j'ai vraiment fait de mon mieux !

Toutefois, lorsque votre route doit absolument rencontrer celle d'un individu destructeur, il semble naturel de s'interroger sur la raison : Qu'ai-je fait pour mériter pareille histoire ?

Seulement, ces questions sont bien vaines. Je n'avais rien fait pour mériter de souffrir, je le crois sincèrement encore aujourd'hui.

Enfin, « rien », pas tout à fait.

Dès lors que je lui avais accordé l'autorisation (même inconsciemment) de partager mon chemin de vie, j'ai consenti à vivre ce qui se proposait à moi. Peut-être même avions-nous passé un pacte dans une autre vie selon lequel un enseignement était en suspens. (*Quésaco ?*).

En conclusion, mon essence a attiré la sienne ; nous étions tels deux atomes se rencontrant pour se transformer en quelque-chose d'autre. (*Moi en légume anéanti et lui en ogre apparemment frustré de se mettre un légume sous la dent.*)

Il arrive parfois qu'on accepte sur son chemin des êtres qui seront, sans l'once d'un doute, notre pire cauchemar et il ne tient qu'à nous de se relever et de chercher à dépasser l'expérience douloureuse.

J'appelle ces êtres « les catalyseurs ». (*Non, c'est pas un Bioman habillé en collants roses ou jaunes !*)

Définition du mot « catalyseur » : élément dont la seule présence créé une réaction. (*Un peu comme un prout ou le big bang dans l'univers, choisis la version que tu préfères !*)

Distinguons donc les catalyseurs de la lumière et les catalyseurs de l'ombre. Ceux de la lumière subliment le bon en chacun de nous et ceux de l'ombre nous confrontent à l'obscurité en nous et en eux-mêmes…

Le but ? Je suppose que c'est de transcender l'obscurité et d'arriver à l'utiliser tel un carburant pour fabriquer de la lumière, sa propre lumière. (*Théorie en cours de validation… j'ai posté l'étude sur le sujet à mon ange gardien en recommandé avec accusé de réception, j'attends son feedback, promis je te tiens au jus !*).

C'est ainsi que l'effet miroir prend tout son sens.

Si je passe ma vie à me traiter négativement, à m'auto-dévaloriser en permanence, à douter de mon potentiel, de ma lumière intérieure et à céder constamment à la peur… Evidemment, l'autre sentira cette perception que j'ai de moi et l'utilisera pour que le bât blesse. J'ajouterai également que si cet être catalyseur perçoit mes blessures, c'est parce qu'elles font sûrement écho aux siennes.

Finalement, n'attire-t-on pas à soi les gens qui sont branchés sur la même fréquence ? (*Allô, fréquence de souffrance appelle fréquence de destruction, je répète… Fréquence d'absence d'amour propre appelle fréquence de colère et de haine…ça va être l'éclate, Party time !*)

Si nous n'acceptons pas notre part d'ombre, nos fêlures, quelqu'un viendra tôt ou tard croiser notre existence pour s'assurer que nous fassions le travail de guérison. Car c'est en acceptant notre part d'ombre que nous pourrons grandir (*promis je ne fume pas la moquette Ginette !*).

Ça me fait penser à la fameuse loi de l'attraction dérivant de la théorie de l'attraction universelle de Newton. On peut la décrire simplement comme l'interaction physique responsable de l'attraction des corps ; c'est-à-dire dame gravité ! (*Gravité, mignonne, vient par ici ma bibitch !*)

Par extension : la loi de l'attraction reposerait sur la façon que nous avons de modeler nos pensées, lesquelles vibreraient à une fréquence spécifique. La pensée étant la manifestation de ma conscience, elle a alors un pouvoir « créateur », ou dans certains cas, destructeur.

Ça ne vous rappelle rien ?

Réfléchissez bien, creusez-vous un peu les méninges mes loulous !

Evangile de saint Jean : « Au commencement était le Verbe, et le Verbe était avec Dieu, et le Verbe était Dieu. Il était avec Dieu dès le commencement ». (*Diantre, je cite la Bible, on est tous foutus !*)

C'est le verbe (issu d'une conscience) qui génère une situation…

Par conséquent, nous attirons à nous des situations à hauteur de la qualité de nos pensées, de notre façon de verbaliser, de concevoir la réalité, de la penser, de la projeter dans notre esprit. (*Oui, c'est là que tu te dis sûrement que ce n'était pas folichon dans ma tête à l'époque pour attirer Mr Zlabia ! Ne sois pas désobligeant.e stp !*)

En réalisant un travail sur soi, nous pouvons prendre conscience qu'il est possible d'influencer le déroulement de notre vie de façon positive afin d'attirer de magnifiques expériences et rencontres. Et si nous n'en prenons pas conscience, nous continuons d'attirer des situations souffrantes.

Mais vous me direz comment attirer à soi de belles personnes, de belles situations ?

En se reconnectant à soi, en écoutant sa voix intérieure, en lisant les 4 accords toltèques, en travaillant en développement personnel et en payant cher un psychothérapeute, une sophrologue, un gastroentérologue (*lol, un toucher rectal mademoiselle ? Gérard sort de ce corps !*), et un kinésiologue... (*Compte en banque -10.000 euros, tout baigne les gars !*)

Bien entendu, en parler de cette manière aujourd'hui avec détachement et sens de l'humour m'a demandé du temps, beaucoup de recul, de me faire accompagner et ... de me pardonner certains choix.

Le but ultime étant de pardonner ceux qui, comme une tempête, ont tout brisé sur leur passage, ne laissant dans notre vie qu'une sensation de vide intersidéral (*visualise un film de western, un corbeau noir qui croasse et une petite boule d'herbes sèches qui traverse le désert au grès du vent en virevoltant... ça c'était l'état de mon cerveau y'à un an ! Electro-encéphalogramme plat*).

Un des grands préceptes auquel je vous conseille de vous raccrocher quand tout part en sucette, en vrille, en cacahuète... c'est que : « Toute destruction précède une création » (*Non, je n'appartiens pas à une secte suicidaire !*)

Chapitre 6 : Les retrouvailles

« Le vrai courage est calme ; la violence n'en est jamais la preuve. », Anne Barratin

Odeur de moisi, bruit d'acier qui frotte contre du métal, goût ferreux de sang… corps en feu, sol gelé.

Elle essaya d'ouvrir les yeux mais son visage tuméfié et gonflé ne lui obéissait plus.

Tant bien que mal, elle approcha une main tremblante jusqu'à son visage brûlant. Un effleurement suffit à confirmer les boursoufflures autour de ses yeux et de sa mâchoire. Elle entendit des gémissements et se demanda un instant s'il s'agissait des siens.

La douleur avait expulsée sa psyché hors son corps amorphe, désormais spectatrice aveugle, comme piégée dans un espace sombre et glacial au ralenti.

Après plusieurs minutes de micromouvements, son corps roula sur le côté et heurta un objet mou.

_ T'es une épave. L'homme qui avait prononcé ces mots avait la voix teintée de mépris. Il cracha sur le sol bruyamment.

Elle ne prononça pas un mot à son attention.

_ Putain ces fils de putes m'ont bien amoché la gueule.

Elle roula à nouveau sur le sol en s'éloignant de son interlocuteur et se refusa à lui répondre.

_ Je trempe dans aucune magouille avec des gars de l'est. C'est quoi ce bordel ?

La jeune femme savait qu'il n'attendait pas d'elle la moindre réponse, de fait, elle se contenta de réunir ses forces pour retrouver le contrôle de son corps.

_ J'ai une vilaine gueule de bois alors que j'ai rien bu. On a dû me droguer. Mais putain c'est quoi ce délire ? Qu'est-ce qu'on fou là ? J'y pige que dalle à cette histoire ! Tu vas me répondre espèce de grosse salope ou pas ?

La jeune femme se mit à rire, de ces rires teintés de désespoir et de folie.

_ Pourquoi tu te marres, demanda-t-il en reniflant.

Elle réussit à s'assoir et s'adossa contre le mur de la pièce humide, à l'opposé de l'individu, puis elle le toisa en silence avec un rictus étrange, à mi-chemin entre sourire et grimace.

_ A l'époque où je t'ai ramassée t'étais une jolie fille mais putain faut voir ce que tu es devenue. On dirait un cadavre asséché ! Même sur une île perdue au bout du monde je voudrais pas de toi !

_ Ah Mehdi, ta médiocrité n'a d'égale que ton talent pour la méchanceté.

_ Et toi t'as toujours trop ouvert ta sale gueule de babtou. Je pensais que t'étais morte depuis le temps.

_ J'en n'ai pas été loin.

_ Quand j'en ai eu finit avec toi, j'aurais mis ma main à couper que tu te serais suicidée ! C'est pas faute de t'y avoir encouragée. Dommage, j'aurais dû insister encore un peu.

_ Tu sais ce qu'on dit, il n'est jamais trop tard !

Elle le regardait fixement. La lueur dans ses yeux le défiait avec calme en dépit de l'adrénaline qui faisait battre son cœur à tout rompre et qui faisait cogner le sang dans ses tempes.

_ T'es vraiment complètement tarée ma pauvre, à moins que les gars qui t'ont cognée aient endommagé ton cerveau.

_ J'ai pas eu besoin d'eux pour ça, il m'a juste fallu croiser ta route.

_ Tu vas pas me resservir ton discours à l'eau de rose, réveille-toi, la vie fait pas de cadeau. Tu crois que j'ai eu une belle vie moi ? Putain mais j'ai pas grandi dans ta petite ville de campagne au chaud avec des parents comme les tiens bourrés aux as. Moi mon père me tabassait quand j'avais 5 ans et c'est la cité qui m'a éduqué.

_ Je la connais ton histoire de victime qui devient bourreau et qui attendrit ses proies en déballant son enfance difficile. Je te tire mon chapeau pour ton talent d'acteur manipulateur.

_ On n'est pas là pour se raconter nos vies et puis j'en ai rien à branler de tout ça. Je veux juste me tirer d'ici ! Et d'abord comment ça se fait que tu sois là, c'est qui ces types, ils veulent quoi ?

_ J'en sais rien, je pensais que j'étais un dommage collatéral dans tes embrouilles habituelles de mytho et de vieux caïd de cité.

_ Comment ça un dommage collatéral ?

_ Bah je n'en sais rien, parfois dans les règlements de compte, ça éclabousse les gens autour. Ils doivent croire que, d'une manière ou d'une autre, on est encore ensemble. A moins que ce soit les cartes de crédit, la carte grise ou les pièces d'identité que tu m'as volées qui les ont emmenés jusqu'à moi, vas savoir !

_ J'ai refilé tes documents pour un bon prix juste après avoir vandalisé ton appartement. Je n'ai gardé aucune preuve de tout ça. Nan, cette histoire est louche.

_ Je crois que c'est la première fois que tu reconnais avoir vandalisé chez moi. Avant tu accusais mon père en disant qu'il avait fait ça pour nous séparer... Quel mytho !

_ T'es une enfant qui passe son temps à chialer. On est coincé ici et tu cherches encore à discutailler de ces histoires à deux balles ! Oui, je t'ai maltraitée, insultée, violentée, harcelée. Oui je t'ai volé de l'oseille pour me venger de ton avortement, oui je t'ai volée et j'ai vandalisé chez toi minutieusement pour te retirer tes souvenirs et toutes ces choses auxquelles tu tenais. Je t'ai trompée et plus d'une fois, sous ton nez, sous ton toit, dans ton lit, avec des copines mêpme, je t'ai isolée de tes amis et de ta famille, je t'ai regardée diminuer, mourir à petit feu... Et putain, j'ai pris mon pied ! Grandis, tout ça, c'est rien. La vie est une garce !

A peine le ton avait-il monté que la porte métallique coulissante s'ouvrit dans un crissement désagréable et strident. Un homme passa la porte et s'avança d'un pas lent et démesurément calme. Il s'accroupit et scruta tour à tour la femme et l'homme assis sur le sol.

_ Comment ça se passe pour vous ici ? Vous êtes installés confortablement ? Est-ce que le câble fonctionne bien ? La température des lieux vous convient-elle ? Nous sommes ici pour vous garantir un excellent séjour.

_ Vous voulez quoi putain ? La voix rauque de Mehdi trahissait une peur qu'il tentait de maitriser en serrant les mâchoires.

_ Si vous voulez des réponses, il va falloir apprendre à demander gentiment. Où sont donc passées vos bonnes manières ? Les gens d'aujourd'hui n'ont plus le sens des politesses, c'est vraiment dommage.

L'accent de l'homme rajoutait à ce discours cynique une touche de tragédie grecque de mauvais gout. Tout le monde s'observait avec méfiance.

Un second homme pénétra dans la pièce exiguë et, sans crier gare, il assena un coup de pied dans les côtes de Mehdi qui se mit à suffoquer, plié en deux. Ce dernier laissa s'échapper un râle étouffé de douleur.

_ Emmenez la fille, dit l'inconnu qui semblait être aux commandes avec son accent prononcé. On va s'amuser un peu.

La femme au corps frêle fut trainée sur le sol par les cheveux. Malgré ses tentatives pour se débattre, elle ne parvint pas à se défaire de l'emprise des ravisseurs. Ses cris se firent entendre pendant quelques secondes puis s'arrêtèrent net avec violence, accompagné du bruit sourd d'un corps tombant inerte sur le sol.

Aussitôt, la porte se referma, laissant Mehdi dans l'obscurité et le froid.

Chapitre 7 : Les souvenirs heureux

« Quiconque est parvenu à discerner le bien et le mal, a déjà perdu son innocence, car le propre de l'innocence est de ne pas connaître le mal. », Charles Nodier

Avez-vous déjà remarqué que dans les heures les plus sombres de notre vie, nous avons tendance à complètement oublier « la beauté cachée » en toute chose ?

Il y a un film dont le rôle principal est interprété par Will Smith ; de son nom en français « Beauté cachée ». Ce film m'a bouleversée car il est question, sans chercher à vous spoiler, d'un homme qui a perdu goût à la vie suite à une tragédie. Le postulat de ce film repose sur le fait que 3 grands principes fondamentaux régissent nos vies : le temps, l'amour et la mort.

C'est exactement sur ces principes que ma vie a toujours été construite, à une exception près ; je cherchais à tout contrôler ; le temps, l'amour, la mort. *(Toujours cette bonne vieille carence en humilité. Croire qu'on peut contrôler ni plus ni moins que le temps, l'amour et la mort c'est quand même se prendre pour Dieu. Salut, appelle-moi Goddess !)*

Et à défaut d'y parvenir, j'oscillais en permanence entre désarroi (phase de désespoir et d'abandon) et révolte (phase de reprise du contrôle et déploiement colossal d'énergie jusqu'à épuisement physique et psychique).

Je vous passe le paragraphe sur la théorie de l'auto-sabotage ? *(Non, je ne peux pas y résister !)*

Mon paradigme de vie tout entier reposait sur des critères de performance élevés, basés sur ma capacité à défier le temps *(réaliser tel projet en 2 semaines alors que je savais que ça en nécessitait dix fois plus)*, l'amour *(exiger de l'autre qu'il comble à la perfection mes besoins)* et la mort *(A moi la jeunesse éternelle en me butant au sport et en faisant yo-yo avec mon poids pour avoir l'illusion du contrôle)*.

Vous pouvez aisément imaginer que tout ce cirque inconscient revenait à vouloir courir un marathon sans échauffement ni entrainement en fumant un paquet de clope par jour et en se tirant une balle dans le pied le jour J. *(Pas mal hein, mais n'essaie pas c'est tendu du string quand même !)*

C'est lorsque je me suis trouvée au bord du précipice, métaphoriquement et littéralement, que j'ai constaté que cette quête de contrôle venait d'une forme d'absence d'humilité. Force est de constater que nous vivons dans une société où l'égo et le contrôle sont devenus des fléaux endémiques sur le plan social et humain. De parfaites illusions, des parades pour faire face à nos peurs.

Mais rappelez-vous que la peur n'évite pas le danger !

Et le meilleur moyen de reprendre notre vie en main (*pas d'une poigne de fer mais d'une main de velours, oui j'ai modifié l'adage*), c'est de prendre conscience de notre responsabilité ; de l'anglais « response-ability » c'est-à-dire la « capacité à s'apporter des réponses. Cela implique de se faire confiance, d'avoir foi en son pouvoir intérieur pour s'apporter les meilleures solutions, de savoir que les ressources sont là en nous, quelques soient les circonstances auxquelles nous faisons face. (*Non, je vous assure, je ne suis pas timbrée !*)

Par ailleurs, connaissez-vous la fameuse « allégorie de la caverne » de Platon ?

Elle met en scène des hommes enchaînés et immobilisés dans une caverne. Ces derniers tournent le dos à l'entrée et de fait, ils ne voient que les ombres des objets qui sont projetées contre le mur et non pas les objets eux-mêmes. Ainsi, ils croient voir la vérité, alors qu'ils n'en voient qu'une apparence, une projection déformée. C'est toute l'histoire du prisme au travers duquel nous observons la réalité. Nos croyances, nos peurs, nos doutes sont pareils à des filtres qui changent l'aspect de la réalité, la floutant, la couvrant d'un voile plus ou moins opaque.

Certains d'entre nous passent leur vie à moduler les paramètres du temps, de l'amour voire même la mort afin de se donner l'illusions que tout est sous contrôle. (*Quel toupet saperlipopette !*) Nous croyons alors que ce que nous voyons est la réalité alors que celle-ci n'en est qu'un pâle reflet, soumise aux distorsions de notre état émotionnel et psychique.

C'est aussi ce qu'on pourrait appeler une illusion d'optique ; une perception visuelle qui s'oppose à l'expérience de la réalité en état d'objectivité. (*Je sens que je commence à te saouler là non ?*)

En sophrologie, merveilleux outil de développement personnel, il est fait état de ce qu'on appelle le principe de réalité objective ; c'est-à-dire de remettre une situation donnée dans son contexte et de prendre du recul pour voir la réalité telle qu'elle est et non pas telle que l'on croit qu'elle est en la regardant au travers de nos fausses croyances, nos à priori, nos certitudes, nos jugements. (*Je reprends mon souffle après cette phrase interminable… Bon, en même temps c'est hyper clair ce que je raconte !*)

Un des exemples les plus courants utilisés en développement personnel est celui de l'arbre qui cache la forêt. On ne peut voir celle-ci qu'en reculant pour avoir une vision plus large du paysage qui était initialement cachée par l'arbre. Et lorsque notre vision s'élargit, il est plus aisé de comprendre les tenants et les aboutissants et de prendre des décisions dans le calme plutôt que dans la précipitation.

Le second principe fondamental de la sophrologie est nommé « le principe d'action positive ». Si le corps et l'esprit interagissent en permanence (les émotions étant des manifestations physiques d'états psychologiques), la mise en action et en conscience de la pensée positive peut induire un état de bien-être physique. Et vice versa, si je travaille sur des techniques psychocorporelles de détente (respiration consciente, yoga, méditation…), je peux avoir une incidence sur mon état mental et le ramener à un état de calme.

D'ailleurs, saviez-vous que le cerveau ne fait aucune différence entre une expérience réelle et un exercice de visualisation ? En fait, lorsque nous visualisons un souvenir heureux, le cerveau sécrète les mêmes hormones (dopamine, ocytocine, sérotonine) que celles qu'il aurait sécrétées en vivant la situation réellement.

Je vous donne un exemple ?

Pensez à votre plat préféré. Visualisez-le. Imaginez son goût, sa texture, son odeur, le bien être que cela vous procure, la sensation de plaisir et de satisfaction, pensez-y vraiment et mettez-y du cœur…Techniquement si vous y avez mis la bonne intention, vous salivez et il se peut même que cela ait stimulé votre appétit non ?

Un autre exemple ? OK !

Imaginez la personne que vous aimez et prenez le temps de visualiser son visage, la forme de ses yeux, son sourire, ses mimiques, son corps, son odeur, la texture de sa peau, puis, imaginez que vous la serrez contre vous en ressentant cet amour immarcescible qui vous submerge.

Est-ce que cela vous fait du bien et vous apaise ? Avez-vous pris malgré vous une respiration ralentie et apaisée ? Eh oui, on y est, c'est aussi simple que cela.

Cet exemple nous en dit beaucoup sur le potentiel incroyable de notre cerveau et sur la puissance de la visualisation, de la relaxation, de la méditation. Ainsi donc, vous venez d'expérimenter le principe d'action positive.

Nous parlions préalablement de la beauté cachée… Eh bien, nous y voilà !

Lorsque tout va mal, il est réconfortant de se remémorer les instants heureux car ils sont les gardiens de notre bonheur. Nous sommes les maitres de notre destin et nous pouvons décider de rouvrir cette porte qui donne sur tous les paysages de bonheur que nous avons gardés en mémoire. (*Je ne fume toujours pas la moquette Raoul !*)

Ces souvenirs sont les garde-fous de notre réalité objective qui fonctionne souvent en dilettante car, la plupart du temps, notre perception de la réalité est relative. Ainsi, lorsque nous allons mal, nous voyons tout avec négativité et nous oublions par extension que de belles aventures peuvent se produire à nouveau. Le verre est donc… à moitié vide ! (*Même s'il est aussi à moitié plein du coup, tout dépend de ton postulat d'observation !*)

Les souvenirs heureux sont là, non pas pour servir de référentiel à ce qui se passe dans le présent, mais pour nous réinformer sur le fait que tout n'est pas sombre dans la vie et que vous pouvez réellement modifier votre perception sur une situation donnée.

De ce fait, les souvenirs heureux auxquels je repense en conscience sont pareils à des mantras, une prière, ou de la méditation ; ils sont une activation de la pensée positive, la mise en pratique du détachement pour restituer à la réalité sa juste forme objective.

L'« ici et le maintenant » peut se teinter de plusieurs couleurs… un peu de noir, un peu de blanc, et tout une palette de vert, rouge, orange, jaune, bleu, vert… au choix selon vos envies !

Connaissez-vous le dessin animé de Disney « Vice Versa » où les émotions sont des petits personnages très touchants, chacun ayant une couleur propre à l'émotion qu'il incarne (le vert pour le dégout, le rouge pour la colère, le bleu pour la tristesse, le jaune pour la joie, le violet pour la peur) ? Lorsque la jeune ado apprend à maitriser ses émotions, elle accepte enfin qu'une émotion puisse être mélangée à une autre, que le bleu de la tristesse s'associe parfois au jaune de la joie… C'est l'apprentissage de la relativité émotionnelle, de la nuance, de la maturité.

C'est comme ça qu'en enterrant ma grand-mère, malgré la tristesse de son absence, j'ai appris à sourire en me souvenant de son jardin de fleurs, de sa véranda, de son rire, de son regard quand je préparais mes concours d'orthophonie et que nous faisions ensemble les fameuses dictées de Pivot. La tristesse s'est alors mélangée à la teinte bigarrée des moments de joie : « les souvenirs heureux ».

Les souvenirs heureux (*oui je me répète, mais là, je m'adresse volontairement à ton inconscient mon chaton*), ce ne sont pas de simples réminiscences, ni même des Madeleines de Proust qui nous rendent visite inopinément au détour d'un chemin. Ce sont tous ces souvenirs conscients de vie que nous pouvons réactiver à tout instant pour se souvenir des états de bien-être que nous avons neurologiquement enregistrés tout au long de notre vie.

Quels sont vos souvenirs heureux ? Vous vous en rappelez ?

Les miens se cachent dans les armoires de ma mère où siègent les parfums de mon enfance, l'odeur de l'amour inconditionnel. Le parfum d'une maman est une information olfactive que le cerveau enregistre pour toujours car il est associé à des sensations de réconfort et de sécurité.

Mes souvenirs heureux se cachent aussi dans l'odeur du bon pain que mon père faisait maison les dimanches soirs et qui embaumait la maison lorsque j'étais petite. Il y avait feu mon grand-père paternel, Bon Papa, les effluves de son tabac à pipe et ses silences emprunts de pudeur lorsqu'ils nous distribuait des bonbons dans le dos de ma grand-mère. C'était les goûters ultra caloriques que ma grand-mère nous préparait ; les blinis au kiri ou au foie gras accompagné d'une petite bouteille de panaché devant les films de Louis de Funès que nous connaissions par cœur. Il y a aussi mes grands-parents maternels et leur façon de se tenir la main avec tendresse en parcourant ensemble leur jardin pour admirer les résultats de leur labeur.

Le bonheur c'était de grimper aux arbres avec mon frère et de jouer des heures durant en imaginant que tel cerisier ou tel noyer étaient des vaisseaux spatiaux qui fendaient l'espace interstellaire.

Je me souviens du contact du bitume chaud en été sur mes genoux et la paume de mes mains lorsque j'observais les fourmis travailler après avoir disposé des morceaux de pain ou de sucre autour de leurs fourmilières, telles des offrandes, et quel émerveillement de les regarder s'y atteler avec minutie.

En septembre, je ramassais et cueillais des noisettes sur les dizaines de noisetiers de la Cité des Guettes, puis je cassais ensuite leurs coques avec de gros cailloux en les dévorant assise sur le muret de briques rouges du bâtiment B. Il y avait aussi les mûres, la saison des cerises, des châtaignes où les jours de cueillette étaient pareils à des jours de chasse aux trésors et de festins.

Il y avait les courses de VTT en pleine forêt avec les copains, la cage à poule effrayante et fascinante, jouer aux billes, ou bien à la marelle dans la cour de récréation, mais aussi, faire pipi debout comme les garçons, dévaler allongée la petite colline de terre en roulant jusqu'en bas et se retrouver couverte d'herbe et de terre, puis recommencer et en rire à l'infini.

Je me souviens aussi de la trilogie du samedi soir devant la petite tv dans la chambre de mes parents, assise à même le sol sur la moquette orange avec mon petit frère, en nous goinfrant de pain, des batailles d'oreillers ritualisées avec des règles que seuls lui et moi connaissions, et des spectacles de nounours improvisés à nos parents.

J'ai quelques fois bravé les interdits en faisant le mur depuis ma chambre au premier étage ; ce goût de liberté avait quelque-chose d'exaltant et de vivifiant. Il y avait aussi les compétitions de danse et la peur qui me prenait au ventre par crainte de l'échec, mais ce que j'en retire aujourd'hui, c'est le courage dont j'ai su faire preuve.

Dès l'enfance, nous apprenons à mélanger les émotions entre elles, en acceptant que la couleur du courage puisse côtoyer celle de la peur. Cet exemple montre bien que toutes les émotions ou pensées négatives ont leurs émotions miroirs pour créer un équilibre ; ce sont les émotions et les pensées dites « ressources » ! (*Je l'imaginerais bien Orange ce courage, comme la force tranquille d'un coucher de soleil en Martinique, et toi, c'est quoi ta couleur du courage ?*)

Chacun des souvenirs de mon enfance regorge d'émotions, de belles émotions, et notamment celle du bonheur de l'instant présent, cet instant fugace qui ne se présente à chaque fois qu'une seule fois. Ceci n'a pas vocation à culpabiliser quiconque ne parviendrait pas à se sentir bien à chaque instant mais, tout du moins, cette option ouvre le champ des possibles sur le fait que chaque instant est une opportunité pour activer « les souvenirs heureux », pour sourire, respirer et relativiser.

Car l'instant présent, vous le savez, c'est tout simplement maintenant, mais ce sera aussi l'instant suivant, et l'instant d'après, etc… Tout compte fait, les chances qui nous sont offertes d'activer nos souvenirs heureux sont infinies !

Chapitre 8 : Les rouages de la haine

« Il y a toujours de la haine de soi à l'origine de la haine de l'autre. », Nicole Avril

Depuis près de 72 heures, il n'avait pas eu le moindre repère temporel, aucun bruit, ni l'ombre d'une lumière naturelle ou bien même artificielle pour lui indiquer s'il faisait jour ou nuit dehors. Il n'avait pas non plus eu l'once d'un repas, hormis une carafe d'eau croupie qu'on lui avait déposée dans la pièce qui était devenue sa cellule.

Il faisait froid et humide et il commençait à divaguer, croyant qu'on l'avait abandonné à une lente agonie vers une mort certaine dans cet endroit sordide. Il avait tâtonné la pièce en long en large et en travers afin de savoir s'il existait la moindre issue, une grille, une bouche d'aération, un indice pouvant le rassurer sur une potentielle sortie.

Rien, il n'y avait rien.

Il se réfugiait par intermittence dans un état de somnolence teintée d'angoisse et se réveillait en sursaut sans savoir si quelques minutes ou quelques heures s'étaient écoulées. Ses ravisseurs ne s'étaient plus manifestés et leur captive n'était plus réapparue.

Par moment, des petits bruits de gouttes d'eau, des clapotis, s'écrasant ci et là sur le sol crasseux, venaient rompre le silence de mort qui régnait. Au bout d'un moment, il s'était résigné à uriner dans un coin, à l'autre bout de la pièce, avec un sentiment mêlé de gêne et de colère.

Il avait eu beau retourner dans tous les sens cette histoire, il n'y comprenait rien.

Certes, il trempait dans des histoires louches ; usurpation d'identité, recel, revente de drogue, vol d'argent, abus de confiance, vandalisme, quelques dégradations de biens publics, des menaces de mort vociférées à quelques inconnus (ou pas) du genre masculin ou féminin, des faits de violence aggravés, mais finalement, rien qui pourrait justifier de se retrouver dans cette situation.

Ce devait être une erreur, un malentendu, ruminait-il.

Évidemment, il mourrait d'envie d'appeler ses ravisseurs pour marchander ou calmer la situation mais il soupçonnait que cela ne lui coute le peu de contenance et de dignité qui lui restait. Il devait rester calme, garder le contrôle, et user de son charisme d'homme fort et peu impressionnable s'il voulait se sortir de ce pétrin.

La rue lui avait enseigné que tout était une question d'apparence, de maitrise de soi, d'image, et de pouvoir. Le bluff et l'art de la manipulation avaient été ses maitres bien avant l'école.

Ses frères avaient déjà fait de la prison et dans la fratrie, il n'y en avait pas un pour rattraper l'autre. Le chacun pour soi était la seule règle sur laquelle compter et à la longue, ça l'avait conduit à ne voir chez autrui que l'opportunité de trouver les failles avant que l'on ne trouve les siennes.

Masquer son visage, ses expressions, ses ressentis, utiliser la peur comme moteur, déjouer les pièges, retourner la situation à son avantage, charmer, séduire et surtout, quoi qu'il arrive, mentir.

A force d'user de ces mêmes fonctionnements encore et encore, sa vie était devenue comparable à un mirage en plein désert ; il ne savait plus vraiment distinguer le vrai du faux et avait fini par se perdre dans les innombrables mensonges qu'il avait racontés tout au long de ses 26 années de vie.

C'est par instinct de survie se rassurait-il en permanence pour supporter son reflet dans la glace lors de ces courts moments de solitude et de sensation de vide. Mais, lorsqu'une infime partie de lui se manifestait parfois à sa conscience, il savait à quel point la dérive dans laquelle il se trouvait était un puits sans fond, le happant vers les abysses ténébreux de ses angoisses.

La haine, la colère et la peur avaient fini par élire domicile, des acolytes du quotidien qu'il fallait taire et contrôler avec des dizaines de joints de cannabis, des litres de whiskey bon marché, et des nuits auprès de femmes de tout âge, pourvu qu'elles étanchent cette soif insatiable de conquête pour se rassurer, pour garder l'illusion d'un pseudo contrôle, l'illusion d'avoir encore un quelconque pouvoir sur sa vie.

Il était loin d'être bête. Perspicace, agile, doué d'humour et d'un certain sens de la répartie, il avait conservé quelques rares qualités. En revanche, le plaisir et la sensation de toute puissance qu'il retirait de la violence et de la détresse d'autrui lorsqu'il en était l'auteur, suscitait en lui une forme étrange de plaisir malsain. Il s'était résigné à accepter cette personnalité psychotique qui le caractérisait.

Bien qu'il se fût interrogé sur le fait d'être un potentiel sociopathe, conscient des notions de bien ou de mal, il savait qu'il ne cochait pas les cases. Cependant, il était le candidat idéal pour lequel voter en matière de « pervers narcissique ».

Loin d'être dupe, il savait que la carence affective qui s'était installée très tôt dans sa vie l'avait amené à façonner une perception sublimée de lui-même. Sa vie tout entière reposait sur un sentiment de supériorité. Il avait la conviction d'être au-dessus des autres ; plus beau, plus fort, plus intelligent. Un mégalomane en plein délire dans la surestimation de ses capacités, poussé par le désir immodéré de puissance et d'amour exclusif de soi.

Les dégâts d'une enfance parsemée de traumatismes tels que la faim, la violence, le manque d'amour, l'humiliation et l'abandon à répétition avaient fini par causer des dommages irréversibles sur le plan psychique et comportemental, de sorte qu'il remodelait la réalité en permanence à son avantage.

L'insécurité avait été si intense dans son enfance que les mécanismes de survie mis en place pour se protéger n'étaient plus de l'ordre défensif mais offensif ; l'attaque c'était encore la meilleure des défenses. D'ailleurs son corps s'était modelé en conséquence pour lui fournir une carrure impressionnante ; grand, bien que légèrement enrobé, carré avec des épaules larges, des mains de boxeur, une voix rauque, un regard noir et menaçant souligné par d'épais sourcils.

A force de créer des couches de protection qui se juxtaposaient les unes aux autres, il avait constitué une armure dont il était devenu prisonnier. Au fil du temps, il avait fini par ne quasiment plus rien ressentir, ni regret, ni compassion, ni empathie, ni même de la culpabilité. Le néant cohabitait avec les ténèbres de la peur, de la haine et de la violence.

Du reste, il était convaincu que les autres étaient fautifs, responsables de la misère qu'il leur infligeait, car, après tout, c'était uniquement de leur faute s'ils étaient faibles…

Et la faiblesse lui inspirait un tel mépris.

Selon lui, le monde n'appartiendrait jamais à ceux qui faisaient preuve de gentillesse, de compassion, de bonté ou de générosité. Tout ça, c'était des conneries ! Le monde appartenait à ceux qui savaient retourner leur veste, ceux qui pouvaient trahir père et mère car ceux-là n'avaient plus l'once d'une faille exploitable par un potentiel ennemi.

Quand un individu n'a plus rien à perdre, sa force c'est de ne donner aucune possibilité d'emprise sur soi à autrui, aucun pouvoir. Ainsi, l'homme affranchi de tout sentiment humain est invincible.

Pourtant, ici dans cette pièce sombre et froide, il était parcouru d'un frisson. Pas n'importe quel frisson … un frisson d'incertitude et de peur, car toutes ses croyances se retrouvaient soudainement ébranlées.

Ici, jouer au caïd ne lui servirait à rien, il était en minorité et ses ravisseurs n'étaient clairement pas des enfants de cœur. Ces types-là étaient sûrement du genre à faire disparaitre un corps du jour au lendemain, sans preuve ni témoin.

Les individus dénués de compassion ont cette faculté de se reconnaitre entre eux, un peu comme si leur instinct primaire s'activait face à la menace d'un individu de la même trempe, un individu dangereux, dont le plaisir était exacerbé par la violence.

Ces gars-là, un peu comme lui, avaient aiguisé leur appétence pour la violence depuis leur plus tendre enfance. Il ne savait que trop bien qu'en matière de violence, le plaisir qui en découlait était lié aux délices de l'adrénaline, du cortisol et de la testostérone, neutralisant la peur et boostant un sentiment de toute puissance. A la longue, il devenait nécessaire de rapprocher les actions de violence dans le temps, et surtout de monter en intensité pour avoir un shoot euphorisant injecté directement dans les neurotransmetteurs à la vitesse de la lumière.

Finalement, il se fit la réflexion que tout ceci était comparable à un comportement de camé. Et, comme tous les drogués, il en redemandait systématiquement, pour peu que ce sentiment de toute puissance ne s'amplifie encore !

Se pourrait-il qu'un jour il inverse la tendance et cesse toute forme de violence ?

En vérité, il ne voyait pas l'intérêt d'arrêter de faire ce dans quoi il excellait en y prenant tant de plaisir ; inspirer de la crainte, dominer, fanfaronner, manipuler, posséder, humilier, et parfois même, broyer quelques êtres faibles qui croisaient malencontreusement sa route.

Tels sont les rouages de la haine ; elle ronge de l'intérieur d'abord, puis elle finit par déborder, se dispersant et se propageant comme une maladie, cherchant un nouvel hôte à dévorer.

« Ce que tu abhorres le plus chez autrui, est ce qui te dévore ».

Chapitre 9 : 17 ans et toutes mes dents ... ou presque !

« L'homme est un apprenti, la douleur est son maître,
Et nul ne se connaît tant qu'il n'a pas souffert.
C'est une dure loi, mais une loi suprême,
Vieille comme le monde et la fatalité,
Qu'il nous faut du malheur recevoir le baptême,
Et qu'à ce triste prix, tout doit être acheté.
Les moissons pour murir ont besoin de rosée,
Pour vivre et pour sentir, l'homme a besoin de pleurs,
La joie a pour symbole une plante brisée,
Humide encore de pluie et couverte de fleurs. »
La nuit d'octobre, Alfred de Musset

En marketing, on aurait tendance à dire : « montre-moi ce que tu achètes et je te dirai qui tu es », alors qu'en psychologie, on dirait « raconte-moi tes souffrances, je te dirai qui tu es ».

Or, s'il est une chose que la kinésiologie m'a apprise, c'est que nous ne sommes pas nos blessures et que nos blessures ne nous définissent pas. Les blessures forgent de fausses croyances qui conditionnent certains comportements. L'ego, lui, croit que nous sommes nos croyances. Il se nourrit des blessures qu'il ressasse en boucle pour justifier de porter tant de masques sociaux et se raconter tant de mensonges ! Pour ma part, j'ai longtemps cru que mes blessures me définissaient. D'ailleurs, je me positionnais comme un être en souffrance presque en permanence, à tel point que j'en étais devenue l'égérie ! (*Ma souffrance, ma dope...Le réel, parce que je le veux bien !*)

Je me considérais comme une écorchée vive, et de ce fait, je brandissais mes cicatrices et les utilisais comme un moyen de créer du lien avec autrui. Je pensais qu'en inspirant de la compassion, j'aurais été aimée en retour. (*Ohlalalala, rien qu'en l'écrivant ça me fait mal à la cornée !*)

J'étais quelque peu devenue accro à un processus d'auto-victimisation qui consistait à m'imposer comme la souveraine de la souffrance pour obtenir en retour une forme de respect et d'admiration quant à ce que j'avais traversée. (*Narcisse es-tu là ?*)

Je jouais à celle qui avait le plus souffert, et qui détenait la palme d'or de la souffrance *(Il est où mon oscar, public ?)*. En contrepartie, j'affichais un masque de femme forte en étouffant ma féminité en faveur de mon côté masculin qui parlait trop fort, disait des vulgarités, fumait, buvait... une dure à cuire qui cherchait à cacher le fait de se sentir larguée dans ce vaste monde.

Comment est-ce que tout ceci s'est mis en place ?

Un travail d'introspection a été nécessaire et souvent, quand il commence, il ne finit jamais vraiment. Cependant, certains évènements marquent des virages dans nos vies.

A 16 ans, une jeune fille construit la future femme qu'elle deviendra. Son cercle d'amis, sa famille, le lycée, les activités extra scolaires sont autant de domaines de vie qui façonnent sa réalité et sa perception du monde.

A cette époque, je dansais depuis plus de dix ans, j'écrivais des poèmes et je souffrais d'un mal être silencieux. Un jour, mon psychothérapeute m'a affirmé que l'écriture et la danse avaient indéniablement contribué à me maintenir la tête hors de l'eau car ces deux activités constituaient un moyen d'expression thérapeutique réel. (*La preuve en est ce bouquin que tu lis, Ô toi lecteur et je t'en remercie !*)

Les pensées morbides ont commencé à l'âge prépubère mais je n'en avais jamais fait mention à ma famille, ni à mes amies. Pourtant, les signes se sont manifestés assez tôt ; je dirai dès l'école primaire. Les insomnies infantiles, les crises d'anxiété, et les troubles obsessionnels du comportement ont été les acolytes de mon enfance. S'il existe de nombreux facteurs pouvant expliquer ces troubles, en devenant adulte, j'ai compris aussi que la dépression et sa cousine, le trouble de la bipolarité léger appelé cyclothymie, sont héréditaires. (*Bingo, c'est gratuit, c'est cadeau !*)

Je pourrais passer en revue pléthore de personnes de ma famille souffrant de graves formes de dépression, de cyclothymie, voire de troubles autistiques mais je préfère passer leurs noms sous silence car il leur appartient de faire leur propre constat, si tel est leur souhait.

Si la kinésiologie m'a permis de mettre des mots sur d'anciens maux, elle m'a surtout aidée à comprendre qu'il arrive que nous trainions avec nous des boulets qui ne nous appartiennent pas systématiquement. D'où l'importance du transgénérationnel et de l'épigénétique sans rentrer dans la fatalité, car d'autres facteurs sur lesquels nous avons une incidence comptent ; l'environnement, la nourriture, qualité de sommeil, l'hygiène de vie, la pensée positive, la communication non violente, etc.

Pour tout vous dire, je n'ai pas toutes les réponses. Ce que je sais en revanche, c'est que l'humain est une machinerie fantastique et complexe, un fabuleux système capable de prouesses quand il l'a décidé !

Il suffit parfois d'un élément déclencheur pour que tout bascule, en bien comme en mal ! Toutefois il est important de se rappeler que nous sommes les maîtres de notre vie ; Nous avons le pouvoir d'agir pour changer le cours des choses, à n'importe quel instant, la courbe peut s'inverser.

Mon tout premier élément déclencheur s'est produit en février 2001 ; j'avais 16 ans.

Ce soir-là, j'ai rejoint un groupe d'amis pour prendre l'apéritif avant d'aller en boîte de nuit. Je ne conduisais pas encore à l'époque, par conséquent, je me suis autorisée la consommation de quelques verres alcoolisés avec ma meilleure amie. Avec le recul, je n'arrive pas à m'expliquer pourquoi nous sommes montées dans la voiture du seul inconnu du groupe alors que nos petits copains conduisaient déjà leur propre voiture. (*Destin, coquin, quand tu nous tiens !*)

Nous voici toutes les deux, passagères arrière d'une Clio, musique à fond les ballons et le mec qui roule comme un dingue pour impressionner les minettes qui se trouvent à l'arrière. Le petit hic c'est qu'au mois de février, dehors, les routes sont gelées, et le pont qui arrive devant nous avec une priorité à droite nécessite le respect des limites de vitesses à 50 km/h. Inutile de vous dire que ça ne s'est pas bien fini… Dois-je préciser que ma meilleure amie a essayé de m'aider à accrocher ma ceinture mais que celle-ci était bloquée ?

Excusez mes lacunes concernant les règles en énergie cinétique, mais grosso modo, multipliez mon poids par la vitesse (il y a une histoire de masse aussi) ; ça donne un projectile de plus d'une tonne sans ceinture qui vient s'écraser le visage contre le siège avant, qui rebondit et traverse le pare-brise arrière. (*4 années d'orthodontie qui viennent de voler en éclats, la loose. Papa, maman, bientôt 17 ans… mais clairement pas toutes mes dents !*)

Les dix années qui ont suivi ont été une succession de rdv en chirurgie réparatrice et esthétique…trois rhinoplasties pour corriger les multiples fractures du nez, remplacement des dents de devants, traumatismes crâniens, 10, 20, 30 non 60 points de sutures sur le visage, du laser, des injections de corticoïdes, et une identité brisée…Celle de mon apparence d'abord, puis celle de mon insouciance.

En quelque sorte, mon cœur aussi a été brisé lorsque j'ai réalisé que les horreurs et les violences de la vie n'arrivaient pas qu'aux autres, à ces inconnus dont on entend parler à la télé ou lorsqu'un tel relate l'histoire d'un tel... Mais ça vous semble toujours si éloigné de votre réalité, surtout à seize ans !

Ici, un pare-brise et une ceinture mal attachée venaient rappeler à mon bon souvenir que la vie pouvait être soudainement terrifiante, mais surtout qu'elle pouvait s'évaporer en une fraction de seconde.

Pour rajouter un peu de légèreté à l'ambiance que je viens de plomber, j'aimerais vous partager la version de ma meilleure amie de l'époque qui m'a raconté que lorsqu'elle a enfin pu sortir du véhicule, elle m'a retrouvée en train de « marcher comme un poulet sans tête dans la forêt ». (*Normal les gars, je traverse un pare-brise et je me tape une balade à la fraîche dans la forêt. Viens Obélix, on va chercher un sanglier !*)

Cet épisode fut le 1er gros traumatisme de vie, qui, comme tous les traumatismes, viennent conditionner des schémas de pensées et des comportements en réaction ; l'effet domino ou boule de neige.

Donc, quand cette ado s'est mise à détester son visage, son apparence, le processus de dévalorisation s'est enclenché et la façon d'interagir avec les autres a été conditionnée par une croyance selon laquelle « elle ne valait plus rien ». (*Oui je sais je parle de moi à la troisième personne, tu connais le principe de dissociation ?*)

S'en sont suivi des années d'alcoolisme, de prise de calmants, d'antidépresseurs, de drogues, de mauvaises fréquentations, de la découverte d'une sexualité au rabais à hauteur de ce que je pensais être ma valeur, de tentatives de suicides et de séjours en hôpital psychiatriques. (*J'ai même réussi à m'échapper de l'un d'eux en pleine nuit, pieds nus, et je suis rentrée chez mes parents en stop, Oh la vache, quand j'y repense 20 ans plus tard, je me dis que mon ange gardien a fait un boulot formidable, merci, merci, merci d'avoir veillé sur moi et de continuer à le faire !*)

La descente aux enfers a duré plusieurs années, pour moi, mais aussi pour mes proches.

L'été qui a suivi, en travaillant en restauration à Moret-sur-Loing, cette jolie ville qui a inspiré de grands peintres impressionnistes tels qu'Alfred de Sisley, j'ai subi des attouchements sexuels de mon patron, un homme alcoolique et aigri. Ça non plus, je n'en avais parlé à personne. Mais je croyais que je méritais ce qu'il m'arrivait… C'est le fléau de la honte ; elle vous ronge sournoisement et s'insinue profondément, en silence.

Ainsi, la somme de ces souffrances m'a peu à peu amenée à un processus d'autodestruction qui m'apparaissait comme la seule issue. (*Non, on ne se tire pas une balle les potos ; Je vais bien tout va bien, tout me plait je suis gaie... Merci Dany Boon !*)

Ce qu'il faut retenir des traumatismes, c'est que, si nous ne travaillons pas sur l'effet domino qui s'en suit (les peurs, les fausses croyances, les mécanismes de défense, les schémas bloquants), tout ce que nous construisons ensuite est comparable à une maison que l'on aurait bâtie sur des sables mouvants… tôt ou tard, tout se casse la figure car les fondations n'étaient pas solides.

J'ai traversé la vingtaine en état dissimulé de vulnérabilité, en fuyant ma vie, en vivant en Angleterre, en Espagne, en me baladant en Australie, à construire et déconstruire des relations amoureuses souvent toxiques, à prendre des jobs que je ne gardais guerre plus de deux ou trois ans, à faire parfois du mal à mes amis car la souffrance enfouie sous des tonnes de cuirasse d'acier finit souvent par étouffer l'hôte et son entourage.

Une grande partie des évènements qui suivent des traumatismes sont des tentatives de distanciation avec les souvenirs douloureux. Il peut même arriver qu'on se dissocie de cette réalité. Par conséquent, je me suis longuement sentie déconnectée de mon corps ; il n'était qu'un véhicule que je testais, mettais à l'épreuve, utilisais pour attirer la gent masculine, un outil d'expérimentations… ce corps, mon corps, je ne le traitais pas avec beaucoup de déférence (*Pardon petit doudou de corps tout gentil et tout mignon !*).

J'ai vécu ma vingtaine en mode TGV. Tout ce que j'entreprenais était teinté d'une sensation d'urgence, comme si le fait d'avoir frôlé la mort si violemment m'avait plongée dans une course effrénée contre la montre. Il fallait vivre, vivre intensément, souffrir intensément, aimer intensément, me détruire intensément (tant pis pour les dommages collatéraux). Il fallait guérir en surface, tomber, puis recommencer, encore et encore, inlassablement, au détriment de ma santé, jusqu'à atteindre un point de rupture.

Je ne construisais rien de pérenne, je vivais tout à fond, je fonçais sans regarder en arrière, je déployais des énergies colossales pour me sentir en vie, quitte à me cramer les ailes. Je fuyais en permanence une réalité que je rêvais de rendre meilleure dans un futur qui semblait ne jamais vouloir exister.

Démesure, excessivité, surcharge émotionnelle, à fleur de peau en permanence, je vivais comme une camée qui cherchait le prochain shoot ; quel risque prendre, quelle expérience intensive à me mettre sous la dent, quel chemin prendre pourvu qu'il n'y ait que du sensationnel, de l'extase, du plaisir, de la vitesse... vite, vite, vite !

Et sur cette lancée, je courrais un marathon, sans fin, sans but, une errance dénuée de sens, une folie de déni, un mensonge consenti, une lutte de survie inconsciente... je courrais vers ma perte, inéluctable...

Puis, parce que la vie s'évertue à placer sur notre chemin des expériences vouées à nous faire grandir, à nous dépasser, à reconnaitre les dysfonctionnements résiduels inconscients, il arrive qu'elle nous propose ... des épreuves (tadahhh).

A nous d'y voir l'opportunité de panser nos blessures, de les aider à cicatriser, de nous libérer de nos peurs et ... d'élever notre indice d'enseignabilité.

Seulement, en percer les mystères serait bien vain ; le pourquoi, le comment... A quoi bon ?

Si la vie est le souffle de Dieu, ne dit-on pas que ses voies (voix) sont impénétrables ?

Un beau jour, j'ai croisé la route d'un être qui, dans sa propre destinée d'autodestruction et de souffrance, cherchait à écraser l'autre, à le pousser dans ses retranchements, jusqu'à ce que la seule issue qui semble acceptable pour sa victime, soit celle de succomber, de se résigner, de plier, de se soumettre, et d'accepter le joug de la violence…

Pour un beau jour, choisir de renaitre.

Réminiscence.

Cyclique souffrance insufflée par la connaissance
Où le joug des uns s'alourdit
Tandis que la foi des autres grandit.

J'ai censuré ton silence devant le fouet de l'ignorance,
Emplissant mes entrailles d'un relent de colère.

Cynique indolence insufflée par l'égo insoumis,
Sans refuge pour l'hôte des émotions assoupies,
Creusant un puits sans fonds vers l'ignominie amère.

Viendras-tu un jour me parler du fardeau indicible
Qui obstrue ta poitrine des maux insubmersibles ?

Haletant moment de flottement vers l'ici
Où l'ailleurs obsède autant que le vide étrange.

Qui suis-je maintenant à la croisée de mes vies ?

Schizophrénie, je m'épanche...
Tant de rôles inversés dans ma vieille psyché,
Je me dévêts des milles visages sans noms, sans traits,
Engourdissant mes yeux d'une vision bigarrée.

Qu'attends-tu immobile, rémission ou sentence ?
Je lave ma bouche des pêchers interdits,
Et jamais n'affronte ton regard meurtris.

Cyclique rédemption d'un temps aspiré par la défiance,
Où les stigmates rougeoient sur mon buste oppressé,
Que puis-je te dire de mes sourdes réminiscences ?

Qui suis-je maintenant à l'aube de ma destinée ?

Chapitre 10 : Le Beau et la Clocharde

« L'ombre ne vit qu'à la lumière », Jules Renard

Vous arrive-t-il de vous demander comment vous en êtes arrivés là ?

Comment se fait-il que vous vous sentiez si seul(e), si mal, si désemparé(e) ?

Depuis près de deux ans, ces questions me trottent dans la tête comme une chanson de mauvais goût dont je n'arrive pas à me défaire et qui me rend dingue ! (*Un truc du genre la danse des canards ou à la queue leu leu... vraiment de très mauvais gout !*)

Je me souviendrai toujours du jour où j'ai laissé mon dessert Zlabia me mettre dans ses filets. Après plusieurs mois d'assidue résistance, vers la fin de l'été 2018, j'ai finalement accepté de prendre un café avec lui sur Paris. (*Je précise qu'il est arrivé en babouches, jean avec un haut moulant aux motifs militaires ? Oh baby, la classe à Dallash !*)

3 ans dans l'école de danse dont une année à me prendre du chaud-froid permanent auprès d'un prof de danse franchement pas irréprochable, avaient eu raison de moi et surtout de ma rudesse à toute épreuve.

J'étais fatiguée d'avoir donné de ma personne (*c'est le cas de le dire Gertrude vu que j'étais une des quelques gentilles maitresses du harem*) à danser 15 à 20 heures par semaine en plus de mon boulot, fatiguée d'avoir été la maitresse sympa à qui on dit des « je t'aime » et que l'on traite ensuite comme une moins que rien en salle de danse devant tout le monde ! (*# re-méga-balance ton porc !*)

Donc, bon, nous y voilà, été 2018, au terme de cette relation illégitime, l'année de danse touchait à sa fin et j'étais envahie par un sentiment de lassitude intense.

Zlabia m'a longuement écoutée ce jour-là au café, je me souviens qu'il me flattait, faisait preuve de douceur, et lorsqu'il m'a embrassée sur la joue, j'ai rougi et je me suis sentie bouillonner ; je ne comprenais pas ce qu'il m'arrivait. (*C'était l'activation du mode karmique dans ma face de pet !*)

Il m'a touchée en me sortant la carte de l'homme brisé, repenti de son passé, trahi par sa famille, seul et désemparé (*Zlabia, je te couronne meilleur joueur de pipeau du 94 !*) Et quelle meilleure cause pour moi que celle de réparer le destin d'un homme brisé pour éviter de soigner tout ce qui n'allait pas dans ma vie ? (*#queen of denial = reine du déni, pour toi, si tu es une quiche en English !*)

Les mois qui ont suivi furent des mois de lune de miel. Il me rejoignait tôt le weekend avec des croissants et nous passions la journée ensemble puis il rentrait telle cendrillon avant 20h à cause du bracelet électronique qui rythmait sa vie. (*Ah les signaux défaillants les gars... dans mon ciboulot y'avait vraiment que du chamallow, des licornes et des chérubins qui chantaient du gospel et qui pétaient des petits cœurs au chococo !*)

La situation a commencé à se gâter aux alentours du début de l'année suivante. J'avais repris les répétitions et il me retrouvait devant l'école de danse les samedis. Il jouait au mec cool et séducteur, s'immisçant doucement et progressivement dans ma vie privée, se liant d'amitié avec les danseurs et les danseuses que je fréquentais.

Inutile de vous dire que j'ai découvert bien plus tard que l'école de danse était devenue un terrain de chasse où bons nombres de mâles alphas (ou du moins se croyant males alphas), lui y compris, s'adonnaient à cœur joie à leur jeu favori ; cueillir les ouailles naïves qui dansaient la salsa.

En mai 2019, alors que j'allais retrouver un ami pour prendre un café, il m'a suivie dans les rues de Paris et s'est planté devant le café fumant cigarette sur cigarette pendant près de 30 minutes, l'air menaçant. Je me suis confondue en excuses car mon ami était surpris de cette mise en scène. Moi je tremblais et me sentais harcelée, épiée…et surtout, j'avais honte !

Toute personne normalement constituée aurait mis un terme à cette relation.

Pas moi !

Notre relation s'est rapidement dégradée. Les insultes pleuvaient : « pauvre merde, sale pute », les menaces aussi « je vais te casser les jambes et tu ne danseras plus jamais » ou encore, « j'ai le pouvoir de te pousser au suicide », les crachats en plein visage, les clés de bras, le visage immobilisé contre le sol, les bousculades fulgurantes... Il connaissait mes faiblesses, mes failles, les exploitait, jouissait de ma peur, m'humiliait…

Pour les vacances d'été, en juillet, nous sommes partis à un festival de salsa avec quelques-uns de nos amis de l'école de danse. Les disputes devenaient de plus en plus virulentes et de plus en plus fréquentes et j'en suis venue à m'accuser de lui avoir gâché ses vacances.

Le jour du retour, je décidai de récupérer les clés de mon appartement sur son trousseau de clés sans le lui dire car je voulais remettre des distances dans cette relation qui m'échappait complètement.

Pour se venger, après une énième dispute, il a pris ma CB à mon insu, et, connaissant le code (*oui, il connaissait le code sinon ce n'est pas drôle !*), il s'est retiré la modique somme de 500 euros, estimant qu'il avait le droit de se rembourser ses vacances. J'ai découvert plusieurs mois plus tard que cet argent lui avait permis de se payer un weekend à Royan pour rejoindre un plan cul Badoo avec qui il a entretenu des rapports sexuels non protégés. *(Cadeau, la MST c'est gratuit).*

En public, il était séducteur et taquin, en privé, il devenait un tyran qui ne se remettait jamais en question, qui avait toujours raison, me culpabilisant et m'insultant systématiquement. Il changeait ses opinions à souhait et ne supportait pas que je le mette face à ses contradictions. Ses besoins passaient avant ceux des autres, et, il changeait de comportement ou d'humeur en une fraction de seconde parce que je n'avais pas dit ou fait ce qu'il fallait.

Chaud, froid, chaud, froid, montée puis descente vertigineuse, réconciliation, peur, soulagement, amour et désamour (*fais péter le grand huit et la nausée*) … ainsi se créé une atmosphère d'insécurité et de peur permanentes.

Il jalousait les hommes de mon entourage jusqu'à en menacer plus d'un dans mon dos, contribuant à m'isoler socialement. Pendant ce temps-là, il draguait les femmes que je côtoyais feignant de se positionner en bon pote.

Mon téléphone devait scrupuleusement et systématiquement se trouver à sa portée chez moi et il le vérifiait en permanence sous mes yeux afin de s'assurer que je comprenne qu'en ses lieux, le maitre de céans, ce n'était plus moi. Plus d'une fois, il a appelé certains de mes amis en leur notifiant que leurs écrits, leurs appels, nos échanges n'étaient pas acceptables pour lui.

J'étais une possession qu'il pouvait brandir pour se vanter mais qu'il fallait mater pour s'assurer d'une certaine obéissance, voire d'une obéissance certaine. J'étais donc une femme objet, un chien, un animal dompté et dressé, un pantin répondant parfaitement aux stimuli pavloviens consistant à me faire courber l'échine lorsque les hurlements et les insultes pleuvaient.

Sa tendance à envier les gens qui avaient un beau train de vie était un trait de caractère qui me mettait mal à l'aise car il était attiré par le confort matériel, l'opulence, qu'il n'avait jamais eue. Je crois d'ailleurs que mon profil lui a principalement plu en raison de mon éducation, mon travail, mon appartement, mes ressources financières, tout ce qu'il pensait utile à son confort et, surtout, tout ce qui lui permettait de briller en public, de redorer son blason de mec de cité.

Plus je m'éteignais, me vidais de ma joie de vivre, plus il semblait s'illuminer d'une énergie magnétique et d'une force charismatique qui irradiaient. Ainsi, je m'isolais, mentais à mes amis et à ma famille qu'il critiquait constamment, je me renfermais, perdant peu à peu pied. A contrario, son sentiment de toute puissance se décuplait.

Mon sens de la réalité commençait à se flouter face à cet individu qui me convainquait en permanence que j'exagérais tout, que j'étais un « cancer sur pattes », « une enfant immature » … Je doutais de tout mais surtout je doutais de moi…

Pour un beau jour finir par penser : « Et si le problème, c'était moi ? » En fin de compte, je ne distinguais plus ce qui était acceptable de ce qui ne l'était pas, ce qui était normal de ce qui ne l'était pas… mes repères se perdaient dans des censures nébuleuses.

J'ai fini par quitter mon job en septembre 2019 dans un état d'épuisement physique et psychique proche du burnout, mais, j'ai tout de même réussi à mobiliser mes forces afin de réaliser un rêve, celui de retourner à mon premier amour ; la danse.

Une fois passés tous les concours des écoles de Paris, j'ai eu la chance et la joie de découvrir que toutes les écoles m'avaient acceptée, j'ai donc choisi d'intégrer le centre des arts vivants de Paris pour entamer une formation intensive de danse.

(Quand on a de l'argent pour payer les sommes exorbitantes de formation, les écoles vous acceptent pour avoir un taux de remplissage optimal, welcome in the business world mates !)

Le bonheur fut de courte durée car le cumul de 5h de danse par jour avec cette relation toxique m'a emmenée à perdre près de 25 kilos en quelques mois. Je ne mangeais plus, ne dormais plus et les fameuses pensées morbides sont revenues.

La perte de poids, les crises d'angoisse, les crises de tachycardie, les cauchemars qui me réveillaient en pleurs la nuit, « c'était uniquement ma faute », les insultes, les vols d'argent, les tromperies, les humiliations, « c'était encore et toujours de ma faute ».

Ces mantras, il me les répétait inlassablement afin de les marquer au fer rouge dans mon épiderme et jusque pénétration dans mon crâne. Et petit à petit, au fil de la déconstruction du moi, puis du surmoi, perdant toute conviction, toute identité, je pensais qu'il disait vrai.

Ainsi, le temps devenait une variable qui s'étirait et se contractait, m'avalant, me mastiquant, me recrachant et me laissant là, souvent en état de choc, gisant sur le sol de mon salon, en état d'épuisement, en plein processus d'annihilement.

Dans ce tourbillon infernal, je restais, je m'accrochais, nous nous séparions et je m'effondrais et, lorsqu'il revenait, je reconnaissais mes torts et me confondais en excuses. Il me faisait des promesses, Ah, les fameuses promesses ; celles de ne plus m'insulter, de ne plus hurler, menacer ou terroriser, de ne plus me tromper, de me rembourser mon argent, et moi, je le croyais en pensant qu'il finirait par voir que mon pardon et ma résilience lui montreraient le chemin vers une relation saine et apaisée…

Evidemment… je me trompais. Les disputes revenaient toujours plus violentes, plus fortes, plus destructrices, les tromperies plus évidentes, les mensonges plus honteux ; Chaque fois, la violence était pire que la précédente. *(On parle du couteau qu'il avait dans la poche en permanence ? Oh le grand courage !)*

En octobre, j'ai appelé un ami qui travaillait aux urgences pour lui demander de m'accompagner à intégrer le service de psychiatrie d'urgence car la dispute de trop, l'insulte de trop, la menace de trop, m'avaient conduite à descendre une bouteille de rhum, quelques cachets, et j'ai honte de vous le dire, je m'étais mutilée.

Je suis restée deux jours en HP à prendre des médicaments, anesthésiée, amorphe, puis j'ai fini par rentrer chez moi, en réalisant que l'aide dont j'avais besoin n'était pas à cet endroit.

La honte me collait à la peau comme une sangsue poisseuse et visqueuse.

A l'école de danse, je commençais à avoir des échos selon lesquels j'étais une « harceleuse, dépressive et suicidaire » et qu'il restait avec moi « par peur que je ne me suicide ». Certaines personnes dont je salue le courage, ont osé venir me parler de ce qu'il disait dans mon dos. Il répandait des rumeurs, me discréditait dans cet univers de la danse qui était si important pour moi. Il jouait et abattait ses cartes de victime auprès des autres filles, parlant de moi comme d'une ex qui l'avait trompée et manipulée ! Ça me rappelle assez terriblement que cette même stratégie d'approche me fut appliquée, puisque son ex aussi, il me l'avait dépeinte comme une fille malhonnête, menteuse, et infidèle !

Et, oui, je le confesse, je ne suis pas partie malgré ses affronts, ses humiliations… Et aujourd'hui encore, je porte les stigmates de la honte car, oui, je ne suis pas partie et parfois mon cerveau gauche ne parvient pas à intégrer cette information en la regardant rétrospectivement.

Trop de gens ont tendance à juger ces femmes qui restent malgré les maltraitances, malgré les blessures, les violences, les humiliations.

Elles doivent souvent se justifier face à la question fatidique : pourquoi êtes-vous restée ?

Ces questions, elles les reçoivent en plein cœur comme des flèches silencieuses face au ton accusateur ou suspicieux avec lequel elles sont généralement scrutées… y compris chez les forces de l'ordre. (*Salut Ô toi justice française qui laisse les récidivistes en liberté, même deux ans après les faits, toi qui pourtant dit devant les médias que les violences conjugales sont une priorité…*)

Donc, pourquoi ?

J'ai bien des justifications que je pourrais soumettre et étaler ici.

Était-ce l'égo de croire que mon amour le changerait, une forme de folie, une crise de folie d'amour, un déni de ma réalité de victime maltraitée, une carence en auto-estime telle que je le laissais me convaincre que mon existence ne valait rien, une toxicomanie affectivo-destructrice, un élan masochiste d'autodestruction ?

Les mots ne sont-ils pas dérisoires ? Pourquoi ? Pourquoi ? Pourquoi ?

Mais il ne reste que les faits. Et les faits parlent d'eux-mêmes ; J'étais devenue la victime d'un bourreau, j'étais sous son emprise, il faisait la pluie et le beau temps, m'assassinais à coup de honte, d'insultes, de bousculades, de « ferme ta sale gueule », de mains levées, de regards haineux, de dédain...

Fin octobre 2019, je perdais mon premier enfant pendant que je recevais les plus belles menaces de notre cher ami qui se vantait qu'il m'aurait fait retirer la garde sous prétexte que j'étais « malade, folle ». Ce jour-là, je lui ai demandé d'aller à la pharmacie pour me prendre des médicaments pour me soulager le corps en ruine, et bien évidemment, il a fait un petit détour par le distributeur d'en face pour se retirer 600 euros afin, je cite :« de se dédommager de l'enfant que je lui retirais ». Je découvrais le lendemain qu'il couchait avec une fille de la danse... (*Big up Zlabia, champion du monde des trous du fion auxquels je souhaite parfois, dans les mauvais jours, une vilaine nécrose des parties génitales, une lèpre fulgurante des bourses, une diarrhée éternelle et une dissolution anale, ...*)

Six mois plus tard, je pesais 41 kilos. Mon cycle menstruel était complètement déréglé, ce qui m'a assez tristement conduite à découvrir avec un certain effroi, une seconde grossesse. J'ai perdu cet enfant le jour de mon anniversaire (Happy 36 !) en découvrant une tromperie supplémentaire cachée dans des tonnes de conversations Badoo où notre cher ami envoyait allègrement des photos de ses attributs génitaux à de parfaites inconnues. Il ne s'en cachait même plus lorsque je lui en parlais et affichait un air calme et une indifférence plate qui me laissaient complètement désemparée.

Calme quand rien ne l'indiquait et violent quand rien ne l'y emmenait, un génie de la logique en somme !

Puis, le 16 mars 2020, le confinement en France était officiellement annoncé, Zlabia se confinait chez moi. J'étais en prison dans ma maison, enfermée et surveillée par mon bourreau H24 *(Dance, soca dance, soca Dance, fiesta, ça va zouker mes loulous !)*

Je devenais une coquille vide, un cadavre squelettique triste qui trainait sa carcasse au bord du précipice prêt à abandonner la dernière once de vie qui l'habitait.

Pendant ce temps, il se pavanait, se repaissant du peu de force qu'il me restait. Il vivait chez moi aux frais de la princesse, mangeait mes courses, utilisait ma CB à souhait pour se payer son tabac et sa dope, m'intimait de la boucler avec ce regard noir qui restera à jamais figé dans ma mémoire comme un coup de couteau logé en plein cœur.

Je me sentais sale, laide, nulle, bête, honteuse et il me ressassait souvent que s'il m'avait trompée c'était à cause de mon poids : « regarde-toi » me disait-il en me toisant avec dédain.

Alors, une partie de moi s'est mise à croire que tout ce qui arrivait était uniquement et exclusivement ma faute.

J'enfilais mon costume de victime sagement tous les matins en silence, résignée, et je lui offrais mon corps et mon cœur sur un plateau d'argent, comme une offrande, prête au sacrifice, au prix de ma vie, pourvu qu'un jour, il comprenne que je le faisais par amour…

Mon corps lâchait, mon cœur saignait, et mon âme se déchirait !

Le 21 mars, alors que je vivais mon sixième jour en détention, il m'a confié, dans un élan de générosité ou de tentative de complicité qu'il avait couché avec un homme trois mois auparavant pour vivre l'expérience.

41 kilos, deux grossesses perdues, un désespoir absolu, des insultes et des violences en tout genre et là, mon électro-encéphalogramme est devenu plat. J'ai littéralement été dans l'incapacité de répondre ou de dire quoi que ce soit. J'étais en état de sidération.

Pour lui, il ne s'agissait pas de tromperie et évidemment, je n'étais pas vraiment invitée à me fâcher ou à le contredire.

Ce jour-là, j'ai été incapable de prononcer le moindre mot toute la journée durant. Et lorsque mon téléphone a sonné pour annoncer l'arrivée du message d'un ami qui prenait de mes nouvelles en cette période de confinement... Tout a dégénéré.

Mon téléphone portable et mon PC ont volé par la fenêtre du troisième étage, le tout saupoudré de « salope, grosse pute, crève » pendant que j'étais au sol, en larme, terrorisée et épuisée.

Et lorsqu'il m'a dit : « maintenant descends grosse merde et vas les ramasser », mon corps n'a plus pu bouger. Je suis restée recroquevillée, comme pétrifiée en espérant me réveiller d'un interminable cauchemar.

Quelques heures plus tard, mes parents, alertés par un message Messenger anonyme ont débarqué chez moi.

Zlabia refusait de quitter les lieux... par conséquent, mes parents désarmés m'ont emmenée...nous sommes partis de ma maison en la laissant aux mains de mon bourreau.

Je me souviens avoir ressenti la plus grande honte de toute ma vie. Ce jour-là, je crois bien que j'ai perdu l'estime de mon père et ma mère a perdu un bout de son cœur en me voyant pareil à un cadavre desséché.

Les jours suivants, je regardais le plafond la nuit, incapable de dormir et pourtant épuisée, la journée je fumais cigarette sur cigarette, rien ne me faisait envie alors je dérivais au gré des heures comme un fantôme hantant les lieux ignorant tout de sa propre mort.

Je suis retournée chez moi le 16 avril, après une énième dispute au téléphone lors de laquelle il m'a dit : « attention car je vais me venger ».

Il m'avait pourtant avertie.

Lorsque je suis rentrée chez moi, il avait volé le petit électroménager et surtout une machine à café à 500 euros, des bijoux de famille, découpé tous les câbles électriques de ma maison et tous mes vêtements et chaussures au couteau, il avait aspergé mes armoires et ma literie d'un cocktail de produits détergents, uriné dans ma commode, déchiré mes photos de famille, détruit les cadeaux de famille et des amis... et il avait récupéré une reconnaissance de dettes de près de 1500 euros (que j'avais réussi à lui faire signer un jour où je refusais de lui rendre ses affaires après une dispute, des insultes, des menaces de mort).

Il avait veillé à détruire tout ce qui avait de la valeur, notamment sentimentale ou affective à mes yeux...

Il s'est évertué à détruire chaque chose en les rangeant ensuite soigneusement à leur place, comme s'il avait voulu que la découverte se fasse au fil du temps, comme pour m'empêcher de me relever trop vite, comme pour que je n'oublie jamais.

Il m'a fallu plusieurs heures pour réaliser que j'avais perdu toutes les choses auxquelles je tenais, en plus de ma dignité, de ma force de vie ...

Plusieurs semaines plus tard, après avoir envoyé des sms à mon père pour lui annoncer que j'avais avorté, il a en plus, porté plainte contre lui pour tentative d'homicide. Mon père de 70 ans s'est retrouvé convoqué au commissariat puis par la suite au tribunal.

Je pense pouvoir affirmer que mon père ne m'a jamais vraiment pardonnée toute cette histoire et pourtant, s'il a souffert de dommages collatéraux, il ne sait pas le quart des cauchemars que j'ai endurés en silence pendant presque deux ans.

Les semaines qui ont suivi, j'ai constaté atterrée que Mehdi prenait un plaisir au-delà des mots à détruire ma famille, l'estime et l'amour qui nous reliait les uns aux autres, cherchant à m'anéantir, me réduire à néant jusque dans ma sphère familiale. Le vice est un puits sans fond et j'en ai fait les frais... Le clou fut enfoncé lorsqu'il m'a gentiment proposé de lui verser une somme d'argent en échange de quoi, il retirerait la plainte contre mon père. A un moment, il arrive que le cerveau arrive à saturation ... je devenais amorphe, anesthésiée, incapable de réagir ou de me battre...

Peu à peu, au fil des traumatismes, des chocs, des démonstrations de haine et de mépris sans limite, je forgeais une toute nouvelle croyance selon laquelle l'amour était devenu la chose la plus dangereuse qui soit. Seulement, lorsque l'amour est associé à un poison, l'espoir devient tout aussi pénible à porter.

Et, que reste-t-il à l'humain qui ne croit plus ni en l'amour ni en l'espoir ?

Dans mon cas, il ne restait plus qu'un gouffre, un trou béant, une plaie suppurante. Mon corps souffrait d'une douleur froide et ravageuse irradiant depuis le creux de mon estomac jusque dans mon crâne. Tout m'apparaissait d'une froideur obscure et moite, une sensation d'absence du moi, comme si j'étais devenue un pantin de bois, un jouet que l'on pouvait écraser et saccager à souhait.

La question qui me hante encore la nuit parfois : comment ai-je pu croire que l'amour devait ressembler à ce sens absolu du sacrifice, à cette absence de respect, d'amour propre, comment ai-je pu consentir à ma propre destruction ?

Et si finalement, j'avais instrumentalisé ma mise à mort en tendant le couteau à mon bourreau ? Chaque fois que je le laissais revenir dans ma vie, acceptant ses mensonges, je me mentais à moi-même, je le sentais quelque-part dans le fond de mon cœur mais je cédais à cette sensation d'espoir impossible que s'il m'aimait, il deviendrait meilleur...

Aujourd'hui, je ne peux m'empêcher de m'en vouloir encore en pensant que chaque fois que je le laissais revenir, je l'incitais à poursuivre sa quête en lui indiquant que les limites n'existaient pas et qu'il pouvait alors tout saccager... absolument tout.

Ce qu'il ne manqua pas de faire.

Bien sûr, tout ceci se jouait selon des rouages complexes mis en scène par mon inconscient…

Mais, je crois, non, je sais, qu'une partie de lui savait qu'il tenait ma vie entre ses mains, car il aimait me répéter inlassablement avec un regard confiant et serein : « J'ai le pouvoir de te pousser au suicide ».

Comprenez-vous la portée de telles paroles ?

Il avait l'intime conviction d'avoir autorité de vie ou de mort sur mon existence !

Et moi, comme poussée par un élan ultime d'abnégation, je lui offrais ma vie comme pour lui dire : « Tiens, prends, l'amour pardonne tout. »

Chapitre 11 : La vengeance est un plat qui se mange froid !

« Si tu cherches la vengeance, creuse deux tombes... une pour ta victime et une pour toi. », Roger-Jon Ellory

Sixième jour dans l'obscurité la plus totale et sans nourriture. La carafe d'eau était vide. Elle avait été remplacée chaque jour mais il savait désormais que l'eau était droguée car dès qu'il en buvait, il dormait sans savoir combien de temps s'était écoulé entre chaque épisode d'endormissement. Il avait donc limité sa consommation d'eau mais cela rajoutait un facteur stress que son organisme déjà affamé peinait à maitriser.

Lorsque la porte s'ouvrit, la lumière l'aveugla instantanément et il lui fallut quelques instants pour s'y accoutumer. Deux hommes entrèrent dans la pièce avec le corps de la jeune femme qui avait été emmenée quelques jours plus tôt. Ils la trainèrent sur quelques mètres et la déposèrent sur le sol avec la même considération que celle qu'ils auraient eue pour le cadavre d'un animal mort.

_ Tiens, on te ramène ta copine, ou du moins, ce qu'il en reste.

_ C'est pas ma copine, faites-en ce que vous voulez mais laissez-moi sortir de ce trou maudit. J'ai rien à voir avec elle.

_ Moi aussi je dirais ça si c'était ma copine. C'est un squelette et y'a rien à en tirer. On va la laisser pourrir ici avec toi, elle devrait plus en avoir pour longtemps de toute façon.

_ Vous voulez quoi ? Putain mais dites-moi ce que vous voulez ?

_ C'est marrant, on aurait cru que ces quelques jours au trou t'auraient aidé à y voir plus clair !

_ Je vais crever ici sans savoir ce que vous attendez de moi bandes de cons. Ça n'a aucun sens !

_ Tu as raison sur un point ; vous allez crever ici tous les deux !

Les deux hommes s'en allèrent avec un air de défit mêlé d'arrogance.

Lorsque la porte se referma, Mehdi se mit à pleurer.

Ses sanglots l'avaient pris par surprise, il ne s'y attendait pas et, pour la première fois, la carapace qui était greffée à sa peau depuis l'enfance commençait à se fissurer. Ici, il se sentait soudainement vulnérable car ses démonstrations de force et de haine ne lui seraient d'aucun secours.

Isolé dans cette cellule mortuaire, il avait froid, mais surtout, il avait peur.

Chapitre 12 : L'offre et la demande dans le triangle de Karpman

« Qu'est-ce que je serais heureux si j'étais heureux ! » Cette formule de Woody Allen dit peut-être l'essentiel : que nous sommes séparés du bonheur par l'espérance même qui le poursuit. La sagesse serait au contraire de vivre pour de bon, au lieu d'espérer vivre. », André Comte-Sponville

Il existe un principe en économie selon lequel l'offre n'existe que si elle rencontre la demande, et vice versa.

En découlent ensuite des explications sur la variation du prix qui croît ou décroît en fonction du volume de l'offre et de la demande.

Il est aisément possible de faire l'analogie de ce principe avec les humains dans les relations amoureuses notamment. Deux individus se rencontrent et vont à un moment donné « se compléter », car chacun vient répondre à l'offre et/ou à la demande de l'autre. Les attributs psychiques positifs et négatifs de chacun tendent ainsi à s'équilibrer au travers de forces égales et opposées.

Il en va d'ailleurs de même dans le fameux triangle de Karpman également appelé « triangle dramatique ». (*Il ne s'agit pas d'une pièce de théâtre dramatique mais ça pourrait* !)

Dans le paradigme de ce triangle, trois rôles interagissent pour créer la relation dite « dramatique ».

D'une part, il y a le sauveur qui vit avec le besoin irrépressible d'aider l'autre, ensuite, il y a la victime-soumise qui se montre plus faible qu'elle ne l'est, ou la victime-rebelle qui raconte ses difficultés avec revendication, et enfin, il y a le bourreau (ou persécuteur) qui inférioriser l'autre en jouant sur ses faiblesses. (*En gros dans le triangle, ça tourne pas rond ! Oulah, tu sens que le niveau d'humour est au maximum là chez moi !*)

Évidemment, le rôle de victime est le plus prisé.

Et la question qui est un élément clé derrière chaque rôle c'est : « quel est le bénéfice secondaire » ou encore « à quoi ça sert de porter ce masque »?

La victime inspire la sympathie et la compassion et vient titiller votre âme de sauveur qui sommeille mais attention, elle vous mettra en échec dans votre mission, car ce rôle est son schéma bloquant. Comprenez que la victime a souvent envie de rester dans cette position. Elle met d'ailleurs en échec son sauveur et finit par le désigner, tôt ou tard comme bourreau. La victime ne cherche ni à être sauvée ni à se sauver elle-même (jusqu'à prise de conscience), elle se complaît souvent dans sa position sans faire jamais totalement face à cette réalité.

Le bourreau maltraite mais c'est souvent par peur d'être maltraité. Il feint d'être un sauveur ou une victime au départ mais il finit assez vite par endosser le rôle de bourreau qui lui confère un sentiment de toute puissance.

Le sauveur cherche à tout prix une victime à sauver car sans elle, il n'a aucun rôle à jouer. Donc s'il s'intéresse à sa souffrance, ce n'est pas si désintéressé... La plupart du temps, à force de ne jamais pouvoir sauver la victime, il finit bien souvent par en devenir le bourreau, en notifiant à cette dernière que son mal-être est sa faute, il finit par victimiser la victime.

A y regarder de plus près, nous avons tous, à un moment donné, à plus ou moins grande échelle, joué un de ces rôles, voire plusieurs, sans en avoir pris conscience. En sortir implique d'identifier le rôle dans lequel chacun s'est enfermé, les enjeux, les attentes, les besoins pour dépasser ce cercle vicieux où la dépendance affective trouve un terrain de jeu idéal. J'ajouterais que les rôles ne sont pas figés et ainsi chacun peut endosser à tour à tour celui de sauveur, de bourreau ou de victime.

Le but de ce résumé n'étant pas de vous inciter à juger qui que ce soit ou vous-même, mais de déployer les ressources nécessaires à la mise en place de relations saines en dehors du triangle, là où personne n'aura plus à jouer le moindre rôle. Juste à être soi, autant que possible, une fois affranchi des masques de nos blessures (rejet, abandon, injustice, humiliation, trahison...).

Du haut de mes 36 ans, j'étais au paroxysme de mon rôle de victime... sans en avoir pleine conscience !

J'avais finalement rencontré l'être idéal pour endosser mon rôle de victime. Lui cherchait un sauveur qui deviendrait par la suite sa victime. Ainsi donc, il avait joué son rôle de victime à la perfection dans les débuts de notre relation afin que je baisse ma garde, livre mes secrets et déploie mon énergie de sauveur... (*Quel bordel mes aïeux !*)

Ainsi, croyant que nous allions mutuellement nous sauver, agir comme des médicaments ou des pansements sur nos plaies respectives ; l'un a pris son rôle de victime et l'autre, elle-même ancienne victime dans son enfance, avait trouvé la personne idéale pour jouer inconsciemment le rôle de sa vie, une revanche, pour ne plus jamais avoir à subir, et pour enfin avoir l'illusion du contrôle, en faisant subir à l'autre un petit peu de ce qu'il avait subi enfant.

C'est le propre de l'humain et de son instinct de survie ; à choisir, il préférera faire subir que de subir.

Revenons-en donc à la notion de l'offre et de la demande.

Une fois mon rôle de victime enclenché, mon prix s'est mis à baisser considérablement, entamant une descente vers l'auto-dévalorisation, entretenue par mon ami persécuteur. Et lui, en tant qu'acheteur (la demande) s'est mis à « acheter » mon rôle de victime, car pour lui, tout ceci constituait un fabuleux carburant pour son existence de bourreau. (*Euh, c'est par où la sortie svp j'ai la gerbouille !*)

Rappelons que le triangle n'existe que si chacun s'emploie à jouer son rôle pour alimenter celui de l'autre. Par conséquent, ce jeu ne peut perdurer que si les liens interdépendants qui relient chaque « joueur » agissent comme des aimants pour maintenir le persécuteur et sa victime soudés. (*Dans la famille Déglingos, je voudrais la victime, le bourreau et le sauveur pour un suicide collectif !*)

Précisons que dans mon rôle de victime, chaque fois que je pardonnais, je pensais offrir au bourreau une chance d'être sauvé !

La tension permanente qui existe entre les différents acteurs dépend d'un lien d'attachement puissant dans lequel la recherche du pouvoir est clé. Cependant, il n'existe malheureusement aucun lien émotionnel authentique car chacun utilise l'autre pour combler son besoin de blesser, sauver, contrôler, soumettre, souffrir. (*Aller, couvre tes yeux et marche tout droit en direction de la falaise, ça va bien se passer ! un, deux, trois, soleil !!!*)

Par conséquent, ce type de relation est « instrumentalisante » puisque la victime a besoin de son bourreau ou de son sauveur pour continuer à jouer son rôle de victime. (*L'œuf ou la poule ? Moi je deviens chèvre ! Bon chance !*)

Or, reprendre le pouvoir de sa vie est possible lorsque nous prenons conscience que ce système dysfonctionnel - qui nait autant de facteurs endogènes qu'exogènes - a régit toute notre existence ou, tout du moins, une partie.

D'ailleurs, il est important de notifier que la notion de dépendance intervient sur différents plans. L'un d'entre eux est la façon dont le cerveau s'accommode chimiquement des stresses liés à ces états de tension quasi permanents. (*Jour, nuit, jour, nuit... Jacouille arrête !*)

En effet, dans un souci d'adaptation à l'environnement et au contexte, le cerveau s'allège des stresses grâce à la sécrétion d'hormones. Alors, on peut constater que la relation est dite « toxique » car il se créé une forme de toxicomanie sur le plan affectif, émotionnel et au niveau endocrinien. (*A vos amygdales !*)

Tout ceci est un conditionnement complexe, un système de fonctionnement dans lequel le stress est un stimulus qui, à force de répétition, favorise la disposition du cerveau à se sur-adapter.

Le cerveau... le ciboulot, la caboche, la cabeza... quel organe fascinant !

Pourquoi développons-nous cette appétence à la sur-adaptabilité même dans les situations les plus toxiques ?

Darwin l'avait déjà soulevé... nous sommes enclins à enregistrer les informations de survie pour les transmettre de génération en génération afin justement... de favoriser la survie de l'espèce. Les traumatismes ont été indispensables pour construire une mémoire collective de survie. (*Youpi, c'est l'extase totale, le cerveau reptilien est maboul et maso !*)

Point d'esclandre donc en découvrant que le cerveau peut s'accommoder de la souffrance à tel point qu'il va – tel un conditionnement pavlovien – en devenir dépendant... En effet, s'il n'a connu que ces fonctionnements-ci, il y a de fortes chances pour que ça devienne sa seule réalité.

Mon paradigme de victime m'a donc – à un moment précis de ma vie – conditionné à me sur adapter encore et encore aux stresses de cette relation toxique.

Néanmoins... la sur-focalisation sur le danger a tendance à modifier notre façon d'appréhender le monde. Notre prisme change !

Si je suis convaincue que le monde est bourré de dangers, je mettrai toute mon énergie à les identifier, à en avoir peur, à essayer de les éviter... Mais je les appelle aussi un peu à moi puisque toute mon attention reste focalisée sur... le danger.

Si les lunettes au travers desquelles je regarde le monde sont cassées, je pourrais bien passer la majeure partie de ma vie à croire que le monde est brisé, alors qu'il me suffisait juste de changer de paire de lunettes !

Et en attendant... ne vais-je pas manquer de voir toutes les magnifiques occasions d'être heureuse, de faire de jolies rencontres, de regarder un coucher de soleil, de sourire à un passant dans la rue ?

Souvent, lorsque l'on évolue dans des relations bloquées dans le triangle de Karpman et notamment, depuis notre plus tendre enfance, il devient évident que l'épanouissement ne peut atteindre son plein potentiel.

A quel moment vivez-vous dans un état d'accomplissement et d'auto-estime ?

N'est-ce pas en faisant ce que vous aimez, ce qui vous fait vibrer ; que ce soit en dansant, en naviguant sur les eaux du pacifique, en soignant les autres, en peignant une aquarelle, en dansant ou en cuisinant – entouré de personnes saines et positives ?

Personne ne peut fondamentalement être heureux en se travestissant, en portant un masque de victime, de bourreau ou de sauveur, que ce soit par peur du danger, peur du rejet ou de l'abandon, peur de la solitude...`

Peur, peur, peur, peur....

Quelles que soient les peurs dont nous souffrons, elles sont issues d'un imaginaire prolixe... En vérité, il semblerait que 90 % de nos peurs soient infondées !

Ainsi donc pour s'affranchir de bons nombres de nos peurs, il semble nécessaire d'identifier leurs origines, nos mécanismes d'adaptation, nos failles afin de se libérer de nos fardeaux...

Bien qu'il faille un peu d'obscurité pour sublimer la beauté de la lumière, c'est en cultivant notre lumière intérieure que nous contribuerons à faire du monde, un endroit meilleur, un endroit où les peurs auraient de moins en moins d'ombre pour s'abriter ! Tout commence avec la volonté de mettre de la conscience sur les expériences... En apprenant à s'aimer, on attire à soi de belles expériences de vie et... de belles personnes !

Si tu te poses la question : Ma drogue s'appelle Ocytocine.

Chapitre 13 : L'effet boomerang

« Le courage, c'est de comprendre sa propre vie... Le courage, c'est d'aimer la vie et de regarder la mort d'un regard tranquille... Le courage, c'est d'aller à l'idéal et de comprendre le réel. », Jean Jaurès

A côté de lui gisait cette femme qu'il avait aimée et pourtant, il l'avait maltraitée sans l'once d'un remord. Elle n'était aujourd'hui plus qu'une inconnue, un corps agonisant sur ce sol gelé. Il tâtonna dans le noir jusqu'à sentir le corps tiède étendu, mou. Sa respiration était si faible qu'il fallait tendre l'oreille pour la deviner. Après un long moment d'hésitation, il la secoua doucement.

_ Réveille-toi !

Elle émit un son proche d'un râle de douleur.

_ Qu'est-ce qu'ils t'ont fait ?

_ Qu'est-ce que ça peut te faire, marmonna-t-elle.

_ Ils t'ont dit quelque-chose ? Ils veulent quoi ces chiens ?

_ J'en sais foutre rien. Sa voix trahissait une profonde lassitude.

_ Ils me font flipper, ces gars c'est des psychopathes.

_ Oui j'avais remarqué.

_ Ils vont nous buter, ça sent mauvais.

_ J'ai plus rien à perdre, je m'en fou, il peuvent bien nous buter. Au moins, il y aura un enfoiré de moins sur terre.

Un long silence s'installa. Plusieurs heures s'écoulèrent.

La porte coulissante grinça en s'ouvrant, une lumière blanche aveuglante s'alluma et deux hommes entrèrent. L'un d'eux portait une bague en or à chaque doigt des deux mains. Le crâne rasé, le visage couvert de cicatrices.

_ Bon, j'ai réfléchi et on va te laisser sortir, annonça-t-il à Mehdi avec un accent.

Ce dernier ne répondit rien, méfiant. Il échangea un regard furtif avec la femme assise en face de lui, jadis sa conjointe.

_ Ça ne te fait pas plaisir, interrogea le ravisseur.

_ Si si, répondit-il en se relevant.

_ Attends, on a un petit service à te demander avant de te libérer, dit-il en ricanant.

_ Tu veux quoi ?

L'homme chauve se passa la main sur le crâne et dévisagea Mehdi, l'air grave. Il marqua une pause de quelques secondes et s'adressa à son homme dans une langue slave. Ce dernier sortit son arme et la déposa aux pieds de Mehdi.

_ Il n'y a qu'une seule balle dans le chargeur. Prends-la.

Mehdi regarda l'arme à ses pieds, paralysé. Sa respiration était saccadée.

La jeune femme le fixait en silence. Son regard passait des ravisseurs à Mehdi nerveusement.

_ Butte ta copine et tu pourras partir.

La jeune femme se mit à sangloter, incapable de parler.

_ Pourquoi tu veux que je la bute ?

_ Tu connais notre existence, ça sera notre garantie que tu fermeras ta gueule.

_ Je ne sais même pas qui vous êtes, répondit-il du tac au tac aux abois.

_ On va garder l'arme et si jamais tu nous fais chier, on s'arrangera pour que les flics fassent le rapprochement avec le corps de ta pote. C'est pas sorcier. Tu la butes et tu pars.

_ Sa mort vous apporte quoi ? Elle n'est personne !

_ Non c'est sûr. Elle ne nous intéresse pas, mais toi oui. On sait que tu traines avec la mafia Kafri. On protège nos arrières.

_ S'il vous plait, pitié, supplia la jeune femme dans un souffle, le visage déformé par la peur.

_ Je sais pas quelles sont vos embrouilles avec la mafia mais j'ai rien à voir là-dedans, je fais plus affaire avec eux depuis un bail !

_Peu importe. Fais ce qu'on te dit et tu dégages sans embrouille. C'est simple comme deal.

Medhi saisit l'arme, la regarda un court instant le souffle court. Il leva les yeux en direction de la jeune femme, et pointa l'arme dans sa direction.

_ Je suis désolé, lâcha-t-il dans un murmure en appuyant sur la gâchette.

Dérives abyssales

Quels ébats tous ces émois, ces absences du profond moi,
Inanité lasse d'un instant, vacuité de l'être, mon passe-temps.
Marin des mers infinies, tourments salins creusant mon visage
J'avance, j'ère, vains apaisements, guettant le ciel et le rivage.
Dans le creux de mes mains de l'étain pour seul vestige,
L'aiguille de la boussole tournoie, tournoie, je fustige !

Ô mélodie divine, m'aurais-tu oubliée dans la brume des âges ?
Naguère, tu berçais les hommes bravant tes flots, ces sauvages !

Ami funeste, Séraphin, entends-tu la musique céleste ?
Fréquence d'un souffle imperceptible aux cœurs des ignorants,
Vibration maternelle, opulente, sympathique aux honnêtes gens,
Phantasme nonchalant aux allures cristallines,
Tu dérives sur les eaux du monde, sans ambages,
Vois ! L'immensité glaciale m'enveloppe dans ses flancs,
Et tes silences s'engouffrent sous ma peau opaline.

L'océan me dévore, me broie de ses spasmes incessants,
Aspirant mon esquif dans ses fonds, sans vergogne,
Et moi je lui souris, fort, acceptant sa besogne.
Dans les sillons de son ventre, des squelettes tout blancs
Ont péri,
Comme moi aujourd'hui je périrai surement.

Abysses nébuleuses, amies de mes tourments,
Vous vous êtes repus de mes vils égarements !
Je m'en vais virevolter d'ivresse dans les abîmes,
Où j'embrasse mon destin... révérences marines.

Chapitre 14 : Le champ de coquelicots

« Le bonheur est un horizon que chacun apprécie au regard de ses émotions. », Xavier Lacassagné.
Dessin de coquelicots (en couleur dans l'encadré), Yvonne Jouanny, ma grand-mère.

J'aimerais vous partager l'histoire tout à fait intime du champ de coquelicots que seules ma mère et moi partagions comme un secret.

Petite, j'étais insomniaque et sujette aux terreurs nocturnes. L'insécurité dans laquelle je vivais m'a amenée assez rapidement à souffrir de petits TOC.

Je me peignais les cheveux dix fois de chaque côté et il fallait que ma chemise de nuit soit mise d'une certaine façon sous ma couette, et il fallait que ma couette soit lissée d'une certaine manière aussi, et je détestais marcher sur les traits du carrelage gris.

Je maitrisais exactement quelle quantité d'eau boire avant d'aller me coucher car je me retrouvais sinon à devoir me relever pour aller uriner et, par conséquent, je devais réitérer mes rituels de coiffage de cheveux, lissage de couette depuis le début si je venais à me relever…

Je détestais la sensation de mes genoux qui se touchaient sous la couette. Le contact de ma propre peau sur mon corps me dérangeait comme si elle appartenait à une inconnue avec laquelle je devais soudainement cohabiter malgré moi.

L'anxiété du moment du coucher était si intense que bien souvent, je faisais des crises de larmes interminables qui désespéraient ma mère car elle voyait ses nuits se réduire comme peau de chagrin.

Les champs de coquelicots étaient l'histoire que ma mère me racontait le soir pour me rassurer.

Elle me disait : « Endors-toi et viens vite me rejoindre dans notre champ de coquelicots ».

Mais ce n'était jamais si simple car le moment de s'endormir était devenu anxiogène !

Je me souviens du réveil rouge posé sur la table de nuit en verre de ma mère et du son des aiguilles qui marquaient chaque seconde inlassablement. Bien souvent, je finissais par dormir avec elle, et cela a duré plusieurs années.

J'avais élu domicile dans le lit conjugal !

Mon père, lui, dormait dans le salon, dans un lit de camps depuis l'âge de mes trois ans. Et je sais l'incompréhension et la tristesse que cela me causait de les voir s'éloigner l'un de l'autre au fil des ans.

Très tôt, les weekends, j'avais développé un rituel qui consistait à me lever la nuit quand ma mère dormait pour lui préparer ses petits-déjeuners ; je dressais la table, sortais son thé, le sucre, ses craquottes, son beurre, la confiture, et je veillais à mettre une fleur dans un verre d'eau quand je le pouvais.

Cependant, ma mère se souvient de moi comme d'une enfant « difficile ». Il est vrai que faisais souvent des crises de larmes accompagnées de piétinements agacés et larmoyants, et je me souviens aussi de quelques douches froides pour en calmer la durée.

J'ai appris à comprendre qu'un enfant est rarement « difficile » mais il peut avoir des comportements qui manifestent assez tôt un état de mal être et d'insécurité.

Pour autant, aussi loin que je me souvienne, j'ai conservé très peu de souvenirs de mon enfance mais je me souviens d'institutrices ; Mme Auget et Mme Perrin en primaire qui me terrifiaient. L'une m'obligeait à manger à la cantine jusqu'à m'en causer des vomissements, et l'autre était humiliante devant mes camarades en se moquant de ma façon d'être habillée ou encore de mes mauvaises réponses en classe.

Au collège, dès la sixième, un garçon plus âgé me rackettait chaque midi pour prendre mes tickets restaurant. De fait, j'ai passé presque 2 années sans manger les midis. Puis, il y avait cette fille ; costaude, au rire fort qui m'avait prise en grippe. Elle me faisait peur. Combien de fois m'a-t-elle attendue à la sortie pour me malmener, me pousser, m'intimider. Elle m'attendait dans le bus et me pinçait, me tirait les cheveux avec son lot de copains et de copines qui suivaient le mouvement. Étrangement, je n'en ai jamais parlé à mes parents.

J'étais le bouc émissaire qui partait au collège la peur au ventre en sachant qu'elle m'y attendait. Un jour, je suis rentrée à la maison avec un bleu au visage après une altercation dans les couloirs ; elle m'avait giflée et ma tête avait ricoché contre les casiers de rangement.

Je pourrais également vous parler de Virginie, une fille que j'ai rencontrée en quatrième. C'est avec elle que j'ai fumé mes premiers joins, pris mes premières cuites. Pour mes quinze ans, elle m'avait poussée dans le lit de son ex petit copain pour qu'il me dépucelle ! Bien heureusement, j'étais tétanisée et j'ai pu conserver ma virginité.

A 38 ans, quand je fais le bilan des rencontres de ma vie, de certaines amitiés, force est de constater que j'ai souvent croisé le chemin de personnes qui voyaient en moi « un souffre-douleur ».

Revenons-en au champ de coquelicots...

Dans ce monde onirique, ce monde que ma mère avait imaginé pour moi, nous pouvions nous retrouver et être en sécurité ensemble ; un espace-temps n'appartenant qu'à nous où je pouvais me sentir bien.

Ma mère et moi avions une relation tout à fait fusionnelle et je ne peux m'empêcher de penser que mon complexe du sauveur a surement dû commencer avec elle.

Tant de fois j'ai senti sa peine, entendu ses larmes la nuit. C'était insupportable pour l'enfant que j'étais et c'est ici qu'est née l'envie de sauver ceux que j'aime de leur détresse.

Quand on est enfant, l'être qui compte le plus au monde, c'est notre mère. Alors, très tôt, sa peine est devenue ma peine. J'ai surement voulu prendre un peu de son fardeau en pensant qu'il serait moins lourd à porter à deux !

Ce n'est que bien plus tard que j'ai compris que ce rôle ne me revenait pas.

En écrivant ce chapitre, il me semble important de vous partager la symbolique du coquelicot que j'ai découvert très récemment.

Dans le langage des fleurs, il semblerait que le pavot rouge incarne la force qui se cache derrière une apparente vulnérabilité. Lorsqu'il est offert à un être cher, il signifie qu'on le sait capable de surmonter les épreuves de la vie. J'y vois un joli clin d'œil ! Merci maman !

Par ailleurs, dans la mythologie Grecque, le coquelicot contenant des alcaloïdes aux effets narcotiques est l'attribut de Morphée, divinité des rêves prophétiques donnant aux mortels le sommeil en les touchant avec la fleur. Curieuse coïncidence que cette symbolique quand on pense que ma mère me racontait cette histoire du champ de coquelicots ; un monde imaginaire où la retrouver dans mes rêves.

Je ne peux m'empêcher de sourire en posant mes souvenirs sur le papier, car ma grand-mère maternelle avait peint un tableau avec des coquelicots qui a longtemps été dans ma chambre. Aujourd'hui, il est accroché dans la chambre de ma mère.

Je vois dans cette symbolique du coquelicot une symbolique familiale ; une transmission transgénérationnelle. Quelque part dans l'inconscient familial, les femmes se parlent de champs de coquelicots comme pour se dire les unes aux autres à quel point, derrière les failles qui nous rendent vulnérables, il y a de la force. J'accuse donc réception de ce joli message porteur d'espoir du haut de mes trente-huit printemps ! Je tiens à remercier toutes les femmes de ma lignée pour leur force et leur vulnérabilité car l'une ne va pas sans l'autre.

Aujourd'hui plus que jamais, lorsque je m'endors, je repense au champ de coquelicots. Il m'arrive encore de chercher ce monde imaginaire où rien ne pourrait m'arriver, un monde où je serais toujours en sécurité, un monde où je pourrais élever mon enfant loin de la violence, loin de la haine.

Finalement, je crois que c'est ça être mère ; rêver qu'il existe quelque part un champ de coquelicots pour son enfant.

Je vous souhaite à tous de trouver en ce monde (*et non dans vos rêves*) un magnifique champ de coquelicots, un refuge où vous sentir en sécurité !

Chapitre 15 : Papa, maman, pardon, merci, je vous aime !

« Il faut développer et entretenir la capacité de pardonner. Celui qui en est dépourvu est dépourvu de la capacité d'aimer. »,
Martin Luther King

Un jour, en lisant un bouquin en développement personnel, je suis tombée sur un dicton : *Un moine a dit : « qu'est-ce-que la colère ? C'est une punition que tu t'infliges pour une faute commise par quelqu'un d'autre »*

Ce dicton m'a amenée à réfléchir.

En effet, après cet épisode traumatisant de vie aux côtés d'un homme violent, il a fallu que je reconstruise les parties brisées de mon être.

J'ai découvert les 7 étapes du deuil, pour de vrai.

Le deuil de mon ancien moi, celui qu'il a fallu tuer après avoir aimé le monstre que j'avais laissé me blesser, le deuil d'une relation toxique et d'un amour qui, je l'avais enfin compris, ne pourrait jamais être sauvé.

J'ai traversé des mois de tristesse, des mois d'une solitude qu'il me serait difficile de décrire ici. Une douleur psychique ineffable m'a accompagnée chaque jour et chaque nuit qui ont suivi la fin de cette relation tumultueuse.

Pendant longtemps, j'ai eu un poids sur le cœur, une sorte de pression dans le plexus solaire qui ne me quittait pas.

Même en m'exilant quelques semaines à la Réunion, la torpeur et l'oppression ressenties dans mon corps étaient mes compagnes de chaque jour. Je n'avais jamais aussi bien compris qu'en ces instants l'expression : « à chaque jour suffit sa peine ».

Peu ou prou, je m'étais résignée à cet état de solitude et d'errement.

Quel que fut l'endroit où j'étais ; ni les paysages magnifiques qui se déroulaient sous mes yeux, ni les amis volontaires qui essayaient de me réconforter n'avaient d'incidence positive sur mon abattement.

Tout, absolument tout était insipide.

Et puis, les secondes devenaient des minutes, les minutes des heures, les heures des jours...

Et plus les mois m'éloignaient de cette expérience, mieux je me sentais.

Il m'a fallu deux ans.

Et bien que j'eusse entamé une procédure judiciaire, cet homme continuait de me contacter par la suite, jouant par moment la fausse carte de la quête du pardon, et à d'autres moments, en m'écrivant des messages « drôles » pour renouer contact.

J'ai compris en faisant ma thérapie que le pervers narcissique a besoin de chercher à maintenir l'emprise coûte que coûte sur ses victimes car cela constitue son unique moyen de jouissance pour se sentir exister.

Au fil du temps, j'enchainais les petites victoires ; Remanger, dormir sans cauchemars, sortir marcher, briser le silence, oser parler de ce qui m'était arrivé.

Et enfin, rire à nouveau, me surprendre à ne plus ressasser le passé, ne plus me sentir abîmée (*du moins plus en permanence*). Il m'a encore fallu un temps supplémentaire pour me défaire de la honte que je ressentais, comme si le mot « victime » était gravée sur mon front en permanence, étalé aux yeux de tous, comme si tout le monde savait mon fardeau et ma faiblesse.

Dans les étapes du deuil, la tristesse vient après la colère.

Toutefois, dans mon cas, la colère est apparue bien après, sourde d'abord, fulgurante ensuite. Cette colère venait me rappeler que je ne m'étais pas respectée en laissant entrer cet homme dans ma vie, elle venait me dire à quel point je ne m'aimais pas.

Avant de comprendre qu'elle était là cette colère, j'en ai voulu à mes parents, car finalement, il est souvent plus facile de la diriger contre les autres que contre soi.

Je leur en voulais de ne pas m'avoir appris à me protéger des gens toxiques, de ne pas m'avoir préservée de la violence, de ne pas m'avoir mise en sécurité, à l'abri.

Cette expérience m'a conduite à décortiquer ma vie, décomposer les moments qui avaient conditionnés la rencontre avec cet homme et cela m'a permis de réaliser que ma vie avait été parsemée de personnes toxiques et ce, depuis ma plus tendre enfance.

Lorsque la colère a fini par s'estomper, j'ai ressenti un immense sentiment de culpabilité ; j'étais fautive, la seule coupable de mes malheurs, j'avais orchestré seule mon pire cauchemar et j'avais beau en vouloir au monde entier, rien ne changerait jamais le fait que je ne pouvais plus redevenir cette fille candide d'avant.

J'avais gouté à un des aspects de l'obscurité humaine qui me privait définitivement de cette partie de moi ; celle qui croyait en une forme de pureté. J'étais devenue une adulte plus mature, moins naïve, privée de l'innocence qu'il me restait de mon enfant intérieur.

La haine, le désir d'anéantir, la violence, ou encore, le véritable désamour des gens malheureux étaient devenus des concepts que je comprenais de l'intérieur, que j'avais ressenti dans mes entrailles, dans mes chaires.

Dans les étapes du deuil, viennent en dernier la résignation et l'acceptation.

La reconstruction m'a demandé de retrouver des forces physiques, de reprendre du poids, et d'aller au bout de mes projets... obtenir mon diplôme de danse, obtenir mon diplôme de sophrologue et entamer une lente et formidable formation de kinésiologue.

Écrire ce livre m'a couté, m'a fait douter, m'a fait pleurer et rire aussi mais il me permettait de clôturer cette histoire, de coucher les blessures sur papiers comme pour les extirper de mon corps, comme pour expier mes erreurs... pour enfin m'accorder le pardon dont j'avais tant besoin.

Je peux dire ici que je me pardonne. C'est cela je crois la véritable résilience qui mène à la transformation du traumatisme en force intérieure. !

Et lorsqu'on se pardonne, on s'allège et on s'affranchit de tant de colère et de peine. C'est pourquoi il me semblait important de dire ceci ; « papa, maman, pardon, merci, je vous aime ».

Vous avez fait de votre mieux, je le sais aujourd'hui et je vous aime tels que vous êtes. Merci pour tout ce que vous avez fait, avec les moyens dont vous disposiez, et pardon pour mon ingratitude et ma colère parfois.

Devenir mère m'a permis de comprendre que nous sommes des parents imparfaits faisant de notre mieux.

Être parent, c'est douter et essayer, se tromper, recommencer, s'améliorer, encore et encore inlassablement. C'est aussi un magnifique cadeau d'humilité car c'est accepter que notre enfant soit là pour nous enseigner tant de choses sur nous-mêmes en retour...

Il s'agit d'un travail en miroir et d'une mise en perspective de notre propre vie. Ainsi, ma fille m'invite à revisiter ma propre enfance et à mieux comprendre mes parents, leurs choix, leurs comportements, leurs failles.

C'est le plus grand gage d'amour de la part de notre progéniture ; apprendre à se regarder de l'intérieur sans se mentir et apprendre à s'aimer pour fournir le meilleur exemple possible à notre enfant.

Être parent est un apprentissage et c'est notre enfant qui nous enseigne ce rôle ! Et finalement, si on accepte les apprentissages qui découlent de ce rôle, il est possible de découvrir que la parentalité nous invite à revivre nos blessures d'enfance en prenant de la hauteur, un peu comme si, nous évoluions en spirale.

A chaque nouvelle spirale, à chaque nouveau passage, les couches de blessures se délient pour nous libérer de notre passé.

Être parent est un affranchissement. C'est ainsi que dans ma blessure d'abandon, j'ai découvert en grandissant que là où j'attendais des formes d'amour bien précises de ma famille pour me sentir aimée et me sentir rassurée, il existait une multitude de formes d'amour dont je n'avais pas conscience.

Le plat cuisiné dans un Tupperware que ma mère m'apporte chaque semaine est une forme d'amour.

Mon père qui répare mon robinet cassé ou qui vient m'aider à installer mes luminaires est une autre forme d'amour.

Un chèque de ma grand-mère est une forme d'amour.

Le message reçu d'un ami qui prend de mes nouvelles ou un service rendu est une forme d'amour.

Le temps qu'on nous accorde est le plus beau des cadeaux car il est surement ce que l'humain a de plus précieux en ce monde ; Le temps !

Prenez un instant pour méditer sur le temps que vos amis, votre famille, votre entourage vous accordent.

Ce temps, c'est de l'amour. (*Dédicace à Obispo* !)

Les attentes que je nourrissais sur la façon dont j'avais besoin qu'on me manifeste de l'amour m'ont longtemps rendue malheureuse.

Or, l'amour ne peut pas revêtir les formes que l'on voudrait car on ne peut tout bonnement pas forcer l'amour à être tel que nous voudrions qu'il soit. Le plus difficile est d'apprendre à voir l'amour là où nous ne l'attendions pas, apprendre à le voir là où il se trouve, brut, et désapprendre l'attente de l'amour tel que nous en avions besoin.

C'est ainsi qu'on peut apprendre à accueillir l'amour, dans sa quintessence, c'est-à-dire tel que l'autre peut le donner, sans pour autant oublier de savoir manifester ses besoins et ses limites.

In fine, le plus simple, une fois qu'on apprend à ouvrir son cœur à toutes ces formes d'amour, c'est de le valoriser tel qu'il nous est offert.

Ce livre est l'amour que je vous offre.

Il est aussi l'amour que je m'offre.

Chapitre 16 : Échec et maths

« Quelquefois l'échec est nécessaire à l'artiste. Cela lui rappelle que l'échec n'est pas un désastre définitif. Et cela le libère de la tapageuse contrainte du perfectionnisme. »
John Berger

Le coup de feu retentit dans la pièce exiguë.

La jeune femme s'écroula sur le sol, face contre terre. Mehdi sanglotait, l'arme suspendue à sa main tremblotante.

_ Tu as porté tes couilles comme vous aimez le dire en français. Bravo ! s'exclama l'homme chauve en applaudissant.

Puis il ajouta :

_ Tu peux lâcher l'arme, il n'y avait qu'une balle de toute façon.

Mehdi obtempéra, docile, catatonique.

Le chef du clan affichait un air triomphant qui dénotait avec la scène macabre. Il donna l'ordre dans sa langue natale à un de ses sbires de ligoter Mehdi. L'homme s'exécuta aussitôt.

Il fut attaché à une chaise en face du corps inerte sans opposer de résistance.

_ Vous aviez dit que je pourrais partir, marmonna-t-il en fixant le corps squelettique qui gisait à ses pieds.

_ Oui c'est vrai mais je n'avais pas dit que j'étais un homme de parole ! Je suis sûr que tu comprendras.

L'homme quitta la pièce d'un rire tonitruant, suivit par son sbire imperturbable.

La porte coulissante claqua.

_ Je suis désolé, ne cessait-il de répéter en boucle à voix basse.

Le silence s'installa dans la pénombre. Par moment, des sanglots à peine camouflés retentissaient dans la pièce insalubre.

Il sursauta lorsque le corps inerte se mit à bouger. La jeune femme roula pour se retourner, puis se hissa contre le mur pour s'assoir, adossée, les jambes recroquevillées. La jeune femme lui faisait désormais face.

_ Aucune excuse au monde ne pourrait racheter les milliers de mauvaises décisions que tu as prises tout au long de ta misérable existence Mehdi.

Elle continua :

_Quoi, tu ne crois quand même pas que tu m'avais butée, si ? Eh bien, toi qui te vantais si souvent d'avoir ôté des vies, ça me surprend que tu n'aies pas vu que c'était une putain de balle à blanc.

_ Espèce de grosse pute ! cracha-t-il en hurlant remplie d'une haine fulgurante.

_ Ah, je te retrouve enfin, dit-elle impassible.

Elle sortit calmement un paquet de Marlboro de sa poche et s'alluma une cigarette.

_ T'as orchestré tout ça pour te venger ? T'as que ça à faire pauvre merde que tu es !

_ Aux grands remèdes, les grands moyens !

_ T'as carrément payé des gars pour m'enlever ? Tu sais ce que ça vaut ça devant un juge ?

_ Faudrait encore pouvoir le prouver ducon ! Ton téléphone est HS quelque part à pourrir dans la Seine, et personne n'a de téléphone traçable ici. Les seules traces qu'il reste ce sont celles que tu as dans le cul d'un préservatif à force de te faire sodomiser dans des hammams parisiens par des inconnus !

_ Ferme ta grosse gueule !

_ Voilà, on y est, je retrouve ce regard haineux qui m'a bousillée !

_ Tu t'es bousillée toute seule, regarde-toi, t'es pitoyable.

_ Faut que tu saches que dans le hammam, j'ai fait filmer tes ébats sexuels. Tu les retrouveras bientôt publiés sur YouTube et sur tous tes réseaux sociaux.

_ Je te le ferai payer.

_ Blablabla, toujours à vociférer des menaces. Tu me fais penser aux chiwawas qui passent leur temps à aboyer. T'es au courant qu'ils incarnent le complexe d'infériorité quand même ?

_ Qu'est-ce que tu attends de moi ?

_ Rien d'autre que de voir ta déchéance tout comme tu as provoqué la mienne. La vengeance est un plat qui se mange froid ! Je voulais juste voir ton regard quand tu réaliserais que tu as perdu ! Tôt ou tard, tout se paie !

_ Laisse-moi partir dans ce cas et fais ce que tu as à faire !

La jeune femme se releva et frappa à la porte coulissante.

Bientôt l'homme chauve revint.

_ Alors, Tout s'est bien passé, vous voulez un petit café pour bavarder un peu plus longtemps ? Il affichait un sourire froid et calculateur, satisfait de sa réplique !

_ On va le libérer. Dites à vos gars de publier les vidéos. Je vais vous donner le code du box de la gare pour récupérer votre oseille et on sera quitte.

_ Ok, c'était un plaisir de faire affaire avec vous. Vous êtes tordue ma petite vous savez ?

_ Oui je sais ! Le ton de sa voix trahissait une profonde lassitude.

Elle sortit de la pièce tandis que Mehdi se faisait détacher.

Tout en allumant une cigarette, elle se munit d'un bout de papier et d'un stylo puis elle nota une suite de chiffres qu'elle remit à son complice.

_ Vous trouverez la somme restante dans ce box, dit-elle en laissant s'échapper une fumée blanchâtre de ses fines lèvres.

Malgré sa silhouette famélique, elle tendit une poignée de main ferme que l'homme serra pour sceller la fin de cette cynique collaboration. Puis, elle se dirigea vers la sortie sans se retourner.

Alors qu'elle était sur le point de prendre le virage de l'issue de secours, un des hommes derrière elle se mit à crier. En se retournant, elle vit le visage implacablement froid qu'elle connaissait si bien de Mehdi.

Celui-ci venait de prendre l'arme qui se trouvait à la taille d'un des colosses du clan slave. Un coup de feu retenti à nouveau. Ce coup-ci, une vraie balle vint se loger dans sa poitrine.

Elle se surprit à sourire tristement en se remémorant la phrase suivante : « *Si tu cherches la vengeance, creuse deux tombes… une pour ta victime et une pour toi* ». Son corps tomba lourdement sur le sol, mais cette fois, elle ne se releva pas.

Les aveux d'un adieu.

J'aurais dû lui dire, comme j'aurais dû lui dire !

Lui dire qu'elle était belle, même fragile
Lui dire qu'elle était belle, surtout fragile !
J'aurais dû lui dire que la beauté n'a de sens profond que lorsqu'on se voit pour ce que l'on est,
Et non pas pour ce que l'on veut être dans les yeux des êtres aimés !

J'aurais aimé lui dire aussi que la faiblesse n'existe que dans la bouche de celui qui en parle,
Lui dire que la vie use surtout lorsqu'on la traite comme une ennemie,
Et que le combat est inutile et vil dès lors qu'il est contre soi.
J'aurais dû la serrer fort chaque fois qu'elle doutait en silence,
Car le doute habite les audacieux, les rêveurs, les amoureux.
J'aurais dû lui dire que le doute forge les convictions
Abreuve l'humilité et se transforme parfois en un acte de foi.

J'aurais dû lui dire, Ô comme j'aurais dû lui dire !
Lui dire que seule, elle ne l'est pas, que seule, la vie ne se vit pas !
Car la solitude est trop souvent un choix d'arrogance,
Que la solitude est aussi une mesure de complaisance,
Et qu'on ne la ressent qu'en l'absence de l'amour de soi.

J'aurais tant voulu lui dire, tellement...
Lui dire qu'« inéluctable » n'est pas un choix,
Car il n'est pas de choix qui se fasse en dépit de la foi.
Tout comme il n'est de pas de faibles qui avouent avoir peur,
Ou qu'il n'est pas de forts qui éludent les pleurs.
J'aurais dû lui dire que sourire, elle y avait droit,
Car le bonheur ne se toise pas, il s'apprivoise !
Le bonheur se choisit ici, en acceptant l'instant pour ce qu'il est
Et non pas pour ce que l'on voudrait qu'il soit !

J'aurais tant aimé lui dire que la souffrance ne se camoufle pas,
Ni sous des masques de cires trop étroits,
Ni sous des cuirasses d'acier figés par le temps !
Car toute souffrance refoulée finit presque toujours par nous suffoquer,

Parfois même au point de muer l'hôte en otage d'une souffrance bien installée.
J'aurais dû lui dire que la souffrance est un gage d'affranchissement,
Et qu'au-delà des maux subsiste l'absolution,
Qui révèle l'exemplarité magnanime des savants envers les ignorants.

J'aurais tant voulu lui dire, tellement...

Chapitre 17 : Ah, l'amour, le pardon et la compassion ![i2]

« *Pour pardonner, il faut se souvenir. Non pas enfouir la blessure, l'enterrer, mais au contraire la mettre à jour, dans la lumière. Une blessure cachée s'infecte et distille son poison. Il faut qu'elle soit regardée, écoutée, pour devenir source de vie.* », Tim Guénard

Inspiré du conte Histoire de la Petite âme, écrit par Neal Donald Walsh

L'âme amicale flottait dans l'immense infinité, seule.

Sa lumière était si faible qu'on aurait pu la confondre avec un grain de sable posée par mégarde sur la toile obscure du cosmos.

Sa lumière vacillait. Elle avait honte. Et ce sentiment, avant, elle ne le connaissait pas. Maintenant, elle n'en connaissait que trop bien le sens.

_ Te voici de retour.

Le Grand Tout la regardait du haut de son immensité infinie.

_ Je suis de retour, mais, je crois bien que je ne serai jamais plus la même.

_ Voyons voyons, petite âme amicale, pourquoi dis-tu cela ?

_ Je le sens, ma lumière est affaiblie.

_ Ta lumière a changé de couleur voilà tout et cela n'est ni bien ni mal.

_ Je me sens si différente.

_ Tu as expérimenté l'obscurité, cela est normal. Tu es différente car désormais, tu sais. Se donner la chance de mieux comprendre l'obscurité c'est se faire le cadeau de mieux comprendre la lumière aussi.

_ J'ai brisé l'âme qui était venue découvrir le sens de la lumière. J'ai si mal moi aussi d'avoir causé tant de souffrances.

_ Lorsqu'une âme inflige et s'inflige de grandes souffrances, elle est tout autant capable de bonté en retour. Seulement, elle a choisi de l'ignorer. Tu ne vaux pas moins que ce que tu étais avant de découvrir l'obscurité. Tu savais qu'en faisant le choix de cette expérience, tu en oublierais ta lumière momentanément !

La petite âme amicale écoutait humblement la voix de la sagesse du Grand Tout.

_ Oui, je le savais. Pourtant, j'en ignorais la portée.

_ Tu sais, il te reste peut-être une dernière chose à faire pour retrouver ta lumière la plus pure.

_ Qu'est-ce donc ?

_ Apprendre à te pardonner. [1]

_ Comment puis-je faire cela alors que la petite âme de lumière qui voulait comprendre la lumière a tant souffert par ma faute ?

_ Elle t'a offert l'opportunité d'être aimée en dépit de l'obscurité qui t'aveuglait. Peux-tu lui pardonner en retour ?

_ Oh oui ! Je lui ai pardonné, je lui pardonne tout car je comprends ses choix et son désespoir. Grand Tout, je t'en prie, je veux tout arranger.

_ Ressens l'amour, ressens le pardon, augmente la fréquence vibratoire. Accélère et dépasse la vitesse de la lumière. Redeviens la pureté de l'amour.

La petite âme amicale se mit à gonfler, à vibrer si fort, à accentuer sa fréquence d'une telle puissance que l'univers fut traversé par un immense jet de lumière blanche.

S'en suivit un écho vibratoire qui secoua l'immensité tout entière.

Alors, la petite âme amicale changea de couleur et devint si pure et si blanche que les autres âmes de lumières semblaient bien pâles désormais à ses côtés.

_ Vois, Grand Tout, j'ai tout pardonné, je suis guérie !

La petite âme amicale sautillait et pulsait d'une lumière extraordinaire.

_ Tu as réussi. Tu as réuni l'enseignement de l'obscurité et de la lumière !

Et pendant que l'âme amicale dansait et rayonnait de sa lumière pure, une petite âme de lumière s'approcha discrètement.

_ Enfin, te voilà ! Le Grand Tout salua la petite âme.

L'âme amicale vint à sa rencontre.

_ Je suis si heureuse de te revoir.

Son bonheur fit jaillir des milliards de jets de lumières blanches partout autour d'elle.

_ Moi aussi, répondit la petite âme de lumière dans un murmure en constatant avec gène que sa lumière était pareille au scintillement infime d'une bougie sur le point de s'éteindre.

Alors, avec la délicatesse d'une caresse chaleureuse et tendre, l'âme amicale vint l'envelopper tout doucement, comme pour la réconforter et lui prodiguer un peu de son incommensurable lumière.

_ Oh, ça picote, dit la petite âme de lumière toute surprise.

La fusion de leurs deux lumières fit d'abord quelques timides étincelles, puis, l'accélération de leurs particules respectives déclencha un amas de lumières qui s'enroulèrent sur elles-mêmes, créant de fait un vortex d'énergie considérable.

_ Grand Tout, que nous arrive-t-il, interrogèrent-elles à l'unisson.

_ Vous devenez matière de création. Vous êtes en train de vous transformer en nuage moléculaire.

Le Grand Tout se mit à souffler si fort que les deux âmes lumineuses tournoyèrent et tournoyèrent encore et encore en s'éloignant progressivement pour occuper un espace vierge quelque part dans l'immensité de l'infini.

_ Un jour, vous serez un soleil et vous abriterez des planètes qui, elles-mêmes abriteront des formes de vies microscopiques et macroscopiques.

C'est ainsi que les deux âmes ; l'âme amicale qui avait compris l'obscurité et la petite âme de lumière qui avait compris la lumière, se mirent à danser, virevolter, s'enrouler et se dérouler dans l'immensité de l'infini, engageant un ballet chatoyant de lumières et de poussière d'étoiles.

Chapitre 18 : L'histoire vraie

« Notre peur la plus profonde n'est pas que nous ne soyons pas à la hauteur. Notre peur la plus profonde est que nous sommes puissants au-delà de toutes limites. C'est notre propre lumière, et non notre obscurité, qui nous effraie le plus », Marianne Willianson

Évidemment, je vous rassure, personne n'est mort ! Sauf si nous parlons d'une mort symbolique, auquel cas, mon égo est mort avec une grande part de mon insouciance !

Cette histoire de vengeance est issue de mon ciboulot un chouïa névrosé.

Mon seul recours pour ne pas sombrer dans un absolu désespoir aura été de m'échapper de mon corps et d'imaginer des scenarii de vengeance pour soulager le trou béant qui siégeait dans mon cœur.

Mon imaginaire aura été mon meilleur allié en me permettant de créer un monde exutoire, un monde où je pouvais imaginer une vengeance torturée pour soulager chacune des blessures que j'avais subies..

En puisant dans ma force créatrice et en ayant recours à ma seule ressource ; mon imaginaire, j'ai pu transcender la souffrance et la transformer en quelque-chose de meilleur.

J'ai dépeint dans ce livre un homme obscur, un homme du mal. Or, je ne crois pas au mal dans un absolu. Je pense que des gens bien peuvent commettre des actes irréparables et je crois qu'ils existent des gens beaucoup moins bons qui se retrouvent parfois à faire le bien.

Je me souviens d'ailleurs qu'en lisant l'Âme blessée de Boris Cyrulnik, quelque-chose en moi a changé sur ma perception du monde et des humains. Ce psychiatre original et touchant avait indéniablement raison sur la complexité de la psyché humaine.

Il évoquait dans un passage, alors qu'enfant de 7 ans, pendant les horreurs de la seconde guerre mondiale, un soldat allemand qui arrêtait les juifs et leurs enfants, lui avait montré la photo de son fils avec une forme de gentillesse sincère.

Ce paradoxe reste une forme de mystère pour moi ! L'humain est ainsi fait !

La bonté et la folie meurtrière se côtoieraient donc quotidiennement sans pour autant s'opposer. C'est cela l'étrangeté de la chose... Finalement, l'approche du monde purement manichéenne est réductrice. Il m'apparaît aujourd'hui plus raisonnable de dire qu'il n'y a pas de bien ou de mal dans un paradigme où ces concepts seraient diamétralement opposés.

Peut-être que la dualité dans ce cas de figure est trop simpliste !

Alors, il me semble honnête de reconnaître que l'homme dépeint dans mon livre, cet homme qui m'a maltraitée, doit forcément avoir quelque part du bon en lui. Car je ne peux consentir à croire qu'il y ait d'une part les gens bons et de l'autre, les gens mauvais.

Malheureusement, je ne lui aurais inspiré que maltraitance, haine et humiliation. J'espère sincèrement qu'il a pu enregistrer au cours de son existence, quelques moments sincères d'amour qui lui permettraient un jour de choisir un autre chemin de vie, plus noble, pacifique, apaisé... (Même si je souhaite que ce soit le plus loin de moi possible.)

L'humain étant imparfait, inconstant, et versatile, on ne peut pas toujours le rendre prévisible dans ses actes ou ses paroles. Rares sont ceux dont les paroles sont en accord avec leurs actes, rares sont ceux dont la fiabilité est totale.

Ce fut une leçon difficile à intégrer pour moi car l'insécurité me pousse bien souvent à me fier à ce que je peux figer ; une parole, une promesse, un engagement, l'observation d'un comportement en croyant qu'il reflète le socle de la personnalité de l'autre. Or, il m'a fallu apprendre que le mouvement perpétuel implique parfois d'accepter que rien ne reste, rien n'est dû ni acquis, rien n'est certain.

Le mouvement, le changement peuvent être effrayants.

J'apprends à avoir moins peur, chaque jour, je me propose de ne pas regarder le monde au travers de mes lunettes de peur !

Voici que ce livre touche à sa fin...

Après avoir accouché de ma fille, j'accouche douloureusement avec un sentiment de délivrance de ce bouquin, imparfait, obscur, cocasse et triste mais de tout mon cœur empreint de sincérité et d'espoir.

Apprendre la résilience est un cheminement de chaque jour et le travail de toute une vie.

Merci de m'avoir accompagnée dans la lecture de cette introspection teintée d'humour et de quelques formes de folie salutaires.

Ce livre est la souffrance que je n'ai pas pu hurler au monde lorsque j'étais à bout de force.

Ce livre est ma vengeance pacifique.

Ce livre est ma rédemption, mon pardon et ma renaissance.

Ce livre est mon histoire, comme celle de trop de femmes qui souffrent sous le joug de la violence, en silence, dans l'indifférence, transits de peur et de honte.

Je dédie cet ouvrage à toutes celles et ceux qui ont trouvé le courage de se choisir plutôt que de subir.

Rappelez-vous que l'amour véritable n'humilie pas, ne menace pas, n'intimide pas, n'insulte pas, ne frappe pas, ne hurle pas, ne vole pas...

L'amour véritable sublime notre lumière intérieure.

Ce livre est la preuve que nous pouvons choisir de transformer l'obscurité en lumière.

A toi qui as lu l'histoire de l'âme amicale, je te souhaite de tout cœur de toujours trouver la force de transformer l'obscurité en lumière !

FIN...

Remerciements

Cette partie est rarement lue et pourtant, énergétiquement, elle est indispensable.

Le fruit d'un travail d'écriture ne peut pas uniquement être le fruit du labeur de l'auteur(e).

Chacune des personnes croisées, celles qui sont restées, celles qui sont parties, celles dont je me suis séparé, celles qui m'ont écorchée vive, celles que j'aime mais à qui je ne le dis pas assez, chacune a contribué à la production de cet écrit.

Cette histoire est un peu la leur et c'est l'occasion pour moi de la leur dédier.

Je remercie en premier lieu Lucie Molinari qui a accepté de collaborer sur ce projet en tant qu'illustratrice, en mettant au service de l'Art ses mains de fée et son imaginaire bouleversants. Merci de m'avoir suivie dans cette aventure, pour sa confiance, son originalité et son écoute fine.

Un grand merci par-dessus tout à Alexiane Chanat, kinésiologue et surtout un guide et une lumière dans ce monde qui porte une bienveillance incommensurable aux êtres du vivants et au-delà.

Par extension, merci à l'école de kinésiologie KOREVIE de Montereau-Fault-Yonne et à sa Directrice Emmanuelle Hermen pour son ineffable don, sa force et sa douceur inspirantes, sa farouche détermination à transmettre et à former les lumières de demain.

Je remercie également chacune des magnifiques rencontres faites dans cette école : Candyce Letemplier (la nymphe aquatique), Déborah Temime (la Prêtresse du vent), Aurore (la fée sylvestre), Stéphanie Fulgoni (La Sybille), Olivia (la protectrice au grand cœur), Julia Fonteneau, Laurent Desporte Barisien, Frédérique Hermen, François Geslin, ainsi que tout le corps enseignant de l'école.

Merci à Frédérique Marty, Gestalt thérapeute à Fontainebleau qui m'accompagne patiemment sur le chemin de la vie, dans cette interminable quête de sens, avec cette justesse et cette empathie incroyables.

Un grand merci à ma famille que j'aime plus que tout, même si nous ne sommes pas très expressifs ; vous êtes dans chacun des battements de mon cœur. A ma mère, pour les câlins, les disputes, les quiproquos, les larmes, les rires, les confidences... A mon père, l'érudit, si singulier, attachant, étrange et silencieux, d'un autre monde. A ma tante Sandrine pour ce jour fatidique, pour ses attentions et sa générosité. A mon frère, un lion au cœur tendre.

Je tiens également à rendre un hommage particulier à Céline Pinet (Baboune) pour avoir semé la graine ayant permis l'écriture de cet ouvrage, à Marion Uzel (la renarde), Carolina Ribelles, Hélène Mallet (la belette), Elorane Godel, Sabrina Clauss (la correctrice fine et amie chalengeuse lors de la rédaction de cet ouvrage), Audrey Paris (l'ange gardien), Chrystelle Chidiac, Valérie Rougier, Madou, Olivier et tant d'autres.

Merci à toi, Éric, pour cet amour éternel à mon cœur, merci pour cet enfant, l'étoile qui a forcé nos destinées et dont le prénom signifie « lumière ».

Table des matières

Poème : l'étincelle

Chapitre 1 : Le pacte[3]

Chapitre 2 : L'engrenage

Chapitre 3 : Les bons ingrédients

Chapitre 4 : Le début de la fin

Poème : perdition amoureuse

Chapitre 5 : Ce bon vieux karma

Chapitre 6 : Les retrouvailles

Chapitre 7 : Les souvenirs heureux

Chapitre 8 : Les rouages de la haine

Chapitre 9 : 16 ans et toutes mes dents !

Poème : Réminiscence

Chapitre 10 : Le beau et la clocharde

Chapitre 11 : La vengeance est un plat qui se mange froid !

Chapitre 12 : L'offre et la demande dans le triangle de Karpman

Chapitre 13 : L'effet boomerang

Poème : Dérives abyssales

Chapitre 14 : Le champs de coquelicots

Chapitre 15 : Papa, maman, pardon, merci, je vous aime !

Chapitre 16 : Échec et maths

Poème : Les aveux d'un adieu

Chapitre 17 : Ah, l'amour, le pardon et la compassion

Chapitre 18 : L'histoire vraie !

Printed in France by Amazon
Brétigny-sur-Orge, FR

17058003R00067